《청소년 교사를 부탁해》는 저자가 청소년 사역의 현장에서 온몸으로 쓴 책이다. 산처럼 쌓인 청소년 사역 책 더미에 또 한 권을 보태는 것이 아니다. 청소년 사역의 실천적 원리를 누구나 이해할 수 있도록, 쉽고 간결하고 선명하게 소개하고 있다. 생동감 넘치는 책이다. 청소년 이해와 소통, 그리고 청소년 담당 교사가 청소년과 부모 및 동료 교사와 어떤 관계를 맺어야 할지 옆에서 말해 주듯 생생하게 그려 내고 있다. 교회 학교 중고등부 모든 교역자와 교사들의 필독서이며, 청소년 자녀를 둔 부모들에게도 일독을 권하고 싶다.

박상진 장로회신학대학교 기독교교육학 교수

아마도 교회에서 교사들이 가장 기피하는 부서가 청소년부일 것이다. 이유는 그간 수많은 실패와 좌절을 겪으면서, 이 시대의 청소년들을 어떻게 가르치고 인도해야 할지 막막하기 때문이다. 이 책은 청소년 교사들이 힘들어하는 이유부터 분석을 잘 해놨다. 그리고 청소년 교사들의 고민과 문제를 다각도로 해결해 주고 있다. 이 책을 읽으면 청소년 교사들뿐 아니라 교회학교 모든 교사들의 어려움과 슬럼프가 단박에 사라질 것이다.

이정현 청암교회 담임목사

야전의 위험에 뛰어들어 고통을 피하지 않고 맞서는 중에 상처를 입었습니다. 하지만 또다시 전쟁터로 뛰어드는 길을 가기로 결정하고는 승리전 몇 개를 훌륭히 치러 냈습니다. 대의를 따라 전투의 모범을 이룬 소대장 말에는 소대원뿐 아니라 다른 소대원들과 다른 소대장들, 심지어 장군도 귀 기울여야 합니다.

정갑신　예수향남교회 담임목사

지난 4년 동안 새들백교회에서 사역을 하며 늘 고민이 되던 대상이 있었습니다. 바로 교회가 다음 세대라고 부르는 청소년들입니다. 너무나 빠르게 바뀌어 가는 이 시대 가운데 미국 교회들 또한 그들을 섬기는 방법을 고민하고 있기 때문입니다.

청소년 시기에 예수님을 인격적으로 만난 사람으로서 이 시대에 청소년 교사를 위한 매뉴얼 《청소년 교사를 부탁해》가 출간되어 너무 기쁩니다. 변화되는 세상 가운데 변하지 않는 복음의 진리와 교육의 원칙으로 청소년을 섬기는 지혜가 가득 담긴 책입니다. 하나님은 청소년들을 사랑하십니다. 청소년들을 위한 하나님의 깊은 뜻이 분명히 있습니다. 청소년들을 하나님의 마음으로 사랑하시며 돌보시는 교회의 모든 교사분들께 이 책을 강력히 추천합니다.

케빈 리　새들백교회 온라인 전임목사

청소년 교사를 부탁해

중·고등부 교사의 고민에 답하는
실전 핵심파일

청소년 교사를 부탁해

정석원 지음

홍성사

#청소년과의__소통법

왠지 혼자 이야기하는 것 같다.
▶ 부탁해#15(141쪽)

무조건 웃고 간식, 선물을
퍼주었는데 아이들 마음을
모르겠다.
▶ 부탁해#8(76쪽)

경청하기보다 지적, 훈계가 늘 먼저
나간다.
▶ 부탁해#13(119쪽)
▶ Tip(125쪽)

고집스러운 아이를 다루기 힘들다.
▶ 부탁해#14(130쪽)

급변하는 관심사, 고민에 세대
차이를 느낀다.
▶ 부탁해#13(119쪽)

나를 너무 편한 존재로 생각해서
어렵다.
▶ 속마음#3(154쪽)

#소그룹

아이들끼리 친하지 않아서 힘들다.
▶ 부탁해#15(150쪽)

아이들끼리 서로 다름을 인정하지
못하며 부딪힐 때는 어떻게 할까?
▶ 부탁해#15(151쪽)

소극적인 아이가 더 소외되는 것
같다.
▶ 부탁해#13(124쪽)

믿음의 정도, 성경 이해가 아이마다
다르다.
▶ 부탁해#15(151쪽)

소그룹 시간이 짧고 장소가 마땅치
않다.
▶ 부탁해#15(152쪽)

#청소년__신앙교육

아이들의 영적 성장을 어떻게 도울
수 있을까?
▶ 부탁해#6(58쪽)

예배나 소그룹보다 학원과 과외가
우선인 것 같을 때는 어떻게 할까?
▶ 속마음#2(101쪽)

복음을 전하기 시작하면 말이 안
통한다.
▶ Tip(70쪽)
▶ 속마음#3(153쪽)

무슨 고민이 있나요?

일러두기
2021년에 발행된 《청소년 교사를 부탁해》를 사역 환경의 변화에 따라
개정하였다. '5부 온라인 돌봄'과 '청소년 교사의 목소리'가 삭제되었고,
'청소년 교사를 부탁해 워크북'이 본문에 포함되었다.

프롤로그

청소년 교사는
왜
어려운가요?

이 책을 구상하는 단계에서 청소년을 섬기는 교사들을 인터뷰하기 시작했습니다. 현장에서 고군분투하는 분들의 마음과 실제적인 필요를 놓치지 않기 위함이었습니다. 가능한 균형 잡힌 목소리를 듣기 위해서 다양한 교단과 지역의 분들을 만났습니다.

"청소년 교사로서 느끼는 어려움은 무엇입니까?"라는 물음에 돌아오는 답변은 대동소이(大同小異)했습니다. 대부분의 답변은 '청소년들이 어렵고 종잡을 수 없다'는 말로 요약됩니다.

'어렵다'는 말은, 소통과 관련이 있습니다. 청소년의 일반적인 특징은 3무(無), 즉 무반응, 무표정, 무대답입니다. 의욕을 가지고 청소년과 소통하려 하지만 반응이나 대답이 뜨뜻미지근합니다. 진심을 가지고 대화해 보려 하지만 세대 차이가 느껴지기도 하고 공감대를 형성하기 쉽지 않습니다. 반별 시간 동안 어떻게든 가르치려고 애써 보지만 학생들은 대답이 없거나 단답

일 때가 많습니다. 반별 시간 동안 학생들의 정수리만 실컷 구경하다 끝나면 자신도 모르게 한숨 섞인 외마디가 흘러나옵니다. "아, 어렵다."

'종잡을 수 없다'는 말은, 변덕과 관련이 있습니다. 청소년은 뜨거운 믿음의 사람으로 보이다가도 금방 차가운 불신자로 돌변하여 잠수를 탑니다. 교회를 등지는 것처럼 보여서 교사의 눈물샘을 자극하다가 갑자기 신앙생활에 열심입니다. 쾌활하게 지내다가 금방 우울한 무반응으로 바뀝니다. 공동체에 적응을 못해서 교사의 속을 썩이다가 갑자기 아무 일도 없었다는 듯이 공동체를 휘젓고 다닙니다.

적어도 제가 만난 청소년들은 그랬습니다. 제게 위로의 대상이었던 아이가 예상치 못한 절망을 안겨 주고, 고통의 대상이었던 아이가 생각지도 못한 위안을 안겨 주었습니다. 비교해 보면 위안보다 절망을 안겨 줄 때가 많았던 것이 사실입니다. 그럴 때마다 역시 외마디가 흘러나왔습니다. "아, 쉽지 않다."

교사들이 겪는 어려움은 청소년의 어려움이기도 합니다. 이 책에서 자세하게 다루겠지만 청소년 시기는 모든 것이 애매한 시기입니다. 아이도 아닌 것이 성인도 아니기 때문입니다. 아무리 건장한 체격이라도 교복을 입으면 어딘가 불완전한 모습입니다. 해야 할 것도 많고, 해내야 할 것도 많습니다. 충분히 존중받고 인정받기 전에 냉정한 평가와 치열한 경쟁 시스템에 내몰립니다. 끝없이 펼쳐진 레이스 위에서 때론 부모의 기대심에 눌리고, 친구들의 관계에서 치입니다.

청소년은
흔들리며
자라 가는 중입니다

사실 청소년기는 본격적으로 이상을 꿈꾸면서 동시에 실패를 맛보기 시작하는 시기이며, 좌절감과 외로움을 벗하기 시작하는 때이기도 합니다. 더불어 쉴 새 없는 호르몬의 공격으로 그 폭을 가늠할 수 없는 감정의 롤러코스터를 경험합니다. 감정의 혼돈과 충동은 불안과 갈등으로 이어집니다. 이 모든 경험은 외마디를 외치게 합니다. "아, 살아가기 쉽지 않다." 청소년 스스로도 어렵거나 종잡을 수 없는 시간을 보내는 중입니다. 하지만 분명한 것은 청소년은 흔들리면서 자라 가는 중이라는 사실입니다.

청소년 교사의
보람은
무엇인가요?

교사들을 인터뷰하는 문항 중에 "청소년 교사로서 느끼는 보람은 무엇입니까?"라는 질문이 있었습니다. 역시 답변은 대동소이했습니다. 대부분의 답변은 '청소년들이 변화되는 것을 볼 때'였습니다. 아이들이 말씀 안에서 삶이 변화되고, 교회 안팎에서 예배자로 성장하는 것을 봅니다. 청년부에 올라가서도 성실하게 신앙생활을 하고, 교사로 자원해서 함께 청소년을 섬기는 것을 볼 때 그간의 수고와 어려움이 한순간에 사라진다고 답했습니다.

청소년 시기는 분명 고단한 여정이지만 변화가 있고, 성장이 있는 과정입니다. 그 변화를 보는 것은 청소년 교사에게 주어진 황홀한 특권이고 비할 데 없는 달콤한 열매입니다.

제가 이 책을 집필하게 된 계기 중 하나도 이것입니다. 저의 전작 《청소년 사역 핵심파일》(홍성사, 2020)이 출간되고 얼마 지나지 않았을 때 한 오랜 제자가 연락을 주었습니다. 청소년 시절, 여러 방면으로 저의 눈물을 쏙 빼놓았던 아이였습니다. 하지만 지금은 말씀 안에서 변화되어 청소년 교사로 섬기고 있다는 반가운 소식을 전해 주었습니다.

"청소년들 섬겨 보니 어때?"라는 저의 물음에 "어렵고 종잡을 수 없네요!"라는 식의 대답을 주었습니다. "네가 한 만큼 돌려받는 거야"라는 가벼운 핀잔과 함께 언젠가는 청소년 교사만을 위한 책을 집필해서 도움이 되었으면 좋겠다는 소망을 나눴습니다. 그 바람에서 시작된 이 책은 《청소년 사역 핵심파일》의 교사 버전이라고 할 수 있습니다.

**우리는
청소년 교사로
부름받았습니다**

이 책 《청소년 교사를 부탁해》는 청소년 교사를 위한, 청소년 교사에 의한, 청소년 교사를 향한 것입니다. 청소년이라는 애매하고 독특한 시기를 섬기는 교사 여러분을 진심으로 응원하고 싶습니다.

이 책이 나오기까지 많은 분들의 도움이 있었습니다. 청소년 책을 지속적으로 낼 수 있도록 격려해 주신 홍성사 관계자분들, 청소년을 위해 지금도 고군분투하시는 동료 사역자들과 교사분들, 멘토이신 예수향남교회 정갑신 목사님, 이익주 목사님, 은사이신 총신대학교 신학대학원 김대혁 교수님, 물심양면으로 격려해 주시는 부모님, 늘 존재만으로도 든든한 응원자 아내 보람, 그리고 이 책을 쓰던 해에 태어나 하루가 다르게 무럭무럭 자라 주고 있는 다온이에게 이 지면을 빌려 감사하다는 인사를 전하고 싶습니다.

2021년 12월

정석원

무슨 고민이 있나요?
프롤로그

1 영적 부모

2 온전함

에필로그
주
청소년 교사를 부탁해 워크북

[영적 부모]

그리스도 안에서 일만 스승이
있으되 **아버지**는 많지 아니하니
그리스도 예수 안에서 내가
복음으로써 너희를 낳았음이라.
그러므로 내가 너희에게
권하노니 너희는 나를 본받는
자가 되라.

고전 4:15-16

{ 청소년 교사는
거룩한 흔적을 남깁니다 }

한 불량 청소년의 속마음

한 청소년이 있었습니다. 이 아이는 주위 사람들에게 요주의 인물이었습니다. 가는 곳마다 심각한 문제를 일으키고 만나는 사람마다 갈등을 일으키는 불량아였습니다. 브레이크가 고장난 것처럼 통제되지 않고 위태로운 아이였습니다. 어른들은 체벌을 가하기도 하고, 다정하게 달래도 보았지만 그때뿐이었습니다. 변함없이 '신실하게' 사고를 치는 이 아이를 보며 다들 고개를 절레절레 흔들었습니다.

이 아이를 두고 학교 선생님들과 또래 부모님들은 '어울림 금지령'까지 내렸습니다. 학생들과 자녀들에게 '이 아이와는 어울리지 말라'고 강하게 말했습니다. 어울리면 안 좋게 물들 것이라는 이유였습니다. 갈수록 이 아이 주변에는 어른들의 통제 밖에 있는 또래들만 남게 되었고 거침없이 문제를 일으키고 다녔습니다.

그런데 이 아이에게는 남들에게 말할 수 없는 울분이 있었습니다. 바로 깨어진 가정으로 인한 원망이었습니다. 부모님의 불화를 시작으로 가정은 단기간에 산산조각이 났습니다. 하나밖에 없는 누나는 급성 질환으로 하늘나라로 갔고 부모님은 갈라섰습니다. 보통 깨어진 가정의 아이가 겪는 코스대로 부모님 각각의 집을 전전하는 시간이 이어졌습니다. 두 분의 관계가 최악으로 치닫자 결국 어머니 손에 이끌려 아버지가 새로 꾸린 가정에 완전히 '인계'되었습니다. 가정이 자신의 전부였을 이 아이에게 누나와 어머니라는 존재의 상실은 모든 것을 잃는 경험이었을 겁니다. 아버지의 새로운 가정을 받아들이는 과정 또한 익숙했던 아버지의 존재를 빼앗기는 충격적인 경험이었을 겁니다. 그 이후로 점점 아이는 자신의 처지에 지나치게 몰두하기 시작했습니다. 마음은 활화산처럼 울분과 원망으로 가득 차게 되었습니다. 이 아이에게 세상은 온통 잿빛이었습니다.

한 선생님과의 만남

어느 날, 이 아이는 동네에서 한 남자를 우연히 만났습니다. 막 30대에 들어선 것처럼 젊어 보이는 분이었습니다. 자신은 어느 교회의 선생님이라고 소개했습니다. 이렇게 안면을 튼 이후 그분은 지속적으로 이 아이를 찾아왔습니다. 교회 가자는 말과 함께 늘 예수님을 말했습니다. '예수님을 만나면 행복해지고, 사랑으로 충만해지고, 희망을 가질 수 있다'는 말이었습니다. 이 아이에게는 행복, 사랑, 희망이라는 말들이 유치하게 느껴졌습니다.

그리고 이 아이의 눈에 비치는 그 선생님은 왠지 우스꽝스 러웠습니다. 교회 갈 마음이 전혀 없는 아이를 위해 너무 쉽게 지갑을 열었습니다. 길에서 우연히 만난 것이 전부인 이 아이를 위해 시간을 쏟았습니다. 아이가 노골적으로 거부하는데도 그 선생님은 포기하지 않고 다시 해맑은 얼굴로 찾아왔습니다.

이 아이는 확실하게 거절하려고 비장의 무기를 꺼냈습니다. 한적한 곳에 자리를 잡고 앉아 속마음을 털어놓았습니다. 자신 이 어떤 상황에 처해 있는지, 그로 인해 얼마나 큰 미움과 원망 으로 가득한지를 말했습니다. 이 고백의 결론은 '그래서 교회 가기 싫다'였습니다. 이 말에 공감하며 단념할 것이라 기대했던 그분은 비장한 표정을 짓더니 뜻밖의 말을 꺼냈습니다. "그래도 예수님이 네 문제보다 더 크시다."

아이는 더 이상 말이 통하지 않겠다고 판단했습니다. 최후 의 방법으로 36계 줄행랑을 선택했습니다. 어디선가 그분의 모 습이 보이면 도망가기 바빴습니다. 이 쫓고 쫓기는 관계는 아이 가 먼 곳으로 이사를 떠나게 되면서 정리되었습니다.

거리가 멀어지고 시간도 꽤 지났지만 이 청소년의 마음에 그토록 우스꽝스럽게 여겼던 선생님의 모습이 지워지지 않았습 니다. 시간과 돈, 마음을 낭비하는 모습, '그래도 예수님이 네 문제보다 더 크시다'는 말이 갈수록 진하게 우러나왔습니다. 결 국 그것이 계기가 되어 가까운 교회를 찾게 되었고 하나님을 인 격적으로 만날 수 있었습니다. 그 이후로 15년이 넘도록 청소년 사역에 헌신하고 있습니다.

거룩한 흔적은 남는다

이 청소년의 이야기는 저의 이야기입니다. 회심한 이후로 감사 인사라도 전해 드리려고 그 선생님을 찾아 나섰지만 만날 수 없었습니다. 그분의 이름도 집도 연락처도 몰랐기 때문입니다. 교회를 찾아가 봤지만 그분이 오래전에 이사를 떠난 후였습니다. 지금도 여전히 정보를 알지 못하고, 심지어 얼굴도 기억나지 않습니다. 그러나 그분의 모습은 갈수록 선명하게 살아나서 저를 움직이고 있습니다.

이렇게 개인적인 이야기를 장황하게 적는 이유는 비단 저만의 이야기가 아니기 때문입니다. 우리에게는 거룩한 흔적이 있습니다. 우리의 구원을 위해 사랑을 낭비해 준 흔적입니다. 그 사람이 가족일 수 있고, 교사일 수 있고, 공동체의 형제자매일 수 있습니다. 그 거룩한 흔적이 모여서 우리는 주님을 부르게 되었습니다.

하나님은 우리를 청소년 교사로 불러 주셨습니다. 교사로 섬기게 된 계기는 서로 다르지만 역할은 같습니다. 청소년 아이들에게 거룩한 흔적을 남기는 일입니다. 우리가 주님께 받은 사랑을, 사람들이 우리에게 남겨 준 거룩한 흔적을 나눌 때 청소년에게도 거룩한 흔적이 새겨질 것입니다. 비록 아이들에게 얼굴도 이름도 남기지 못하더라도 누군가에게는 갈수록 그리스도를 향하게 하는 깊은 울림으로 사용하실 것입니다.

한 알의 겨자씨에도 숲이 있다

거룩한 흔적을 남기는 일은 생각만큼 낭만적이지 않습니다. 허비하고 낭비하는 것처럼 느껴질 수 있습니다. 우리가 기대한 만큼 결과가 따르지 않거나, 도리어 거절이 돌아올 수 있기 때문입니다. 마치 지극히 작은 겨자씨 한 알처럼 초라하게 여겨질 수 있습니다. 하지만 우리에게 연약함, 거절감이 있더라도 실패는 있을 수 없습니다. 하나님 나라는 작은 씨앗으로도 숲을 이루는 나라이기 때문입니다.

> 우리가 하나님의 나라를 어떻게 비교하며 또 무슨 비유로
> 나타낼까. 겨자씨 한 알과 같으니 땅에 심길 때에는 땅 위의 모든
> 씨보다 작은 것이로되, 심긴 후에는 자라서 모든 풀보다 커지며 큰
> 가지를 내나니, 공중의 새들이 그 그늘에 깃들일 만큼 되느니라.
> 막 4:30-32

교사의 사역은 작은 겨자씨에서 숲을 보는 사역입니다. 작은 자 안에서 1,000명을 이루고, 약한 자 안에서 강국을 이루는 것(사 60:22)을 보는 사역입니다. 비록 우리 눈에는 실망스러운 결과가 남는다고 할지라도 하나님 안에서는 실패가 없습니다. 하나님은 우리가 뿌린 씨로 일하실 것입니다. 하나님이 우리에게 행하신 것처럼 말입니다.

부모의 마음을 가진
스승이신가요?

비교할 수 없는 부르심

한때 서점에 뜻밖의 책이 베스트셀러로 올랐습니다. 한 교회를 소개하는 책이었습니다. 이 책은 두 가지 점에서 센세이션을 일으켰습니다. 첫째는 교회에 관한 책이 기독교 서점이 아닌 일반 서점에서 베스트셀러가 되었다는 점입니다. 당시에는 기독교를 둘러싼 사회의 여론이 아주 좋지 않았습니다. 둘째는 교회에 관한 책이 기독교 출판사가 아닌 일반 출판사에서 나왔다는 점입니다. 지금도 그렇지만 당시에도 일반 출판사에서 교회를 다루는 책이 나오는 것은 낯선 일이었습니다. '우리가 찾던 바로 그 교회'라는 광고 슬로건을 단 이 책은 불티나게 팔렸습니다. 기독교인뿐만 아니라 믿지 않는 분들에게도 감명을 주었습니다. 이 책 속에는 그 교회가 어떤 곳인지 유추해 볼 수 있는 내용이 있습니다. 목회 철학이 담긴 다음의 글입니다.

어떤 마음을 품고 목회를 하느냐는 중요한 것 같습니다. 개혁자의 마음을 품고 목회를 하면 모든 사람들이 다 개혁의 대상이 됩니다.

선생의 마음을 품고 목회를 하면 모든 사람이 다 가르침의 대상입니다. 경영자의 마음을 품고 목회를 하면 모든 사람들이 다 평가의 대상이 됩니다. 그러나 아버지의 마음을 품고 목회를 하면 모든 사람들이 다 사랑의 대상이 됩니다.[1]

이 글에서 '목회'라는 단어에 '교사'를 대입해도 뜻이 통합니다.

어떤 마음을 품고 교사를 하느냐는 중요한 것 같습니다. 개혁자의 마음을 품고 교사를 하면 모든 사람들이 다 개혁의 대상이 됩니다. 선생의 마음을 품고 교사를 하면 모든 사람이 다 가르침의 대상입니다. 경영자의 마음을 품고 교사를 하면 모든 사람들이 다 평가의 대상이 됩니다. 그러나 아버지의 마음을 품고 교사를 하면 모든 사람들이 다 사랑의 대상이 됩니다.

오늘날 많은 사람들이 다음 세대를 비관적으로 전망합니다. 매년 교회의 학생 수가 급감하고 있고, 이제는 기독교 교육이 예전만큼 전수되는 분위기가 아니라는 겁니다. 아이들이 우리의 신앙을 이어받는 '다음 세대'가 아니라 점점 '다른 세대'가 되어 가는 것 같다고도 말합니다.

이런 날카로운 분석 뒤에는 언제나 무거운 책임론이 따릅니다. 그중 하나는 구시대적 프로그램이나 교재가 문제라는 겁니다. 계절에 맞게 옷을 바꿔 입듯 오늘날 청소년 교육도 시대에 발맞춰 프로그램과 교재를 개발하고 흥미로움을 갖춰야 한다고 들 말합니다. 또 다른 하나는 부족한 미디어 사역이 문제라는 겁니다. 양질의 미디어 콘텐츠를 만들어서 미디어 세대를 사로잡아야 한다고 말합니다. 이런 진단, 과연 맞을까요? 틀린 말은 아니지만 다 맞는 말도 아닙니다. 사도 바울은 고린도교회에 다음과 같이 말합니다.

> 그리스도 안에서 일만 스승이 있으되 아버지는 많지 아니하니,
> 그리스도 예수 안에서 내가 복음으로써 너희를 낳았음이라.
> 그러므로 내가 너희에게 권하노니 너희는 나를 본받는 자가 되라.
> 고전 4:15-16

　고린도교회에는 일만 스승보다 아버지 같은 바울 한 사람이 필요했습니다. 고린도교회에는 수많은 필요보다 영혼을 복음으로 낳는 마음이 필요했습니다. 바울의 이런 진단과 처방은 오늘날 우리에게 다음의 질문을 던지게 합니다. "나는 10대의 영혼들에게 일만 스승 중에 하나인가? 아니면 영적 부모인가?"
　이 영적 부모로의 부르심은 부모가 되어 본 사람에게만 해당되지 않습니다. 교사 경험이 많거나 나이가 많은 사람에게만 해당되지 않습니다. 자녀를 둔 부모만이 아니라 자녀가 없는 사람도 포함됩니다. 교사 경험이 별로 없는 신입 교사나 심지어 갓 고등학교를 졸업하고 교사를 지원하는 초 신입 교사에게도 해당됩니다. 바울이 우리의 모델이 된 것처럼 우리는 경험과 연령을 넘어서서 영적 부모로 부름받았습니다. 영혼을 관리하고 지식을 전달하는 정도가 아니라 복음으로 새 생명을 낳고 기르는 영광

스러운 현장으로 불러 주셨습니다. 저도 어렸을 때 깊은 인상을 받은 사람들은 결혼하지 않은 젊은 사람이었습니다.

전설 따라 삼천리

저는 부산의 한 교회에서 신앙생활을 했습니다. 이 교회는 청소년 부서만이 아니라 주일학교 전체가 전국적으로 유명했습니다. 한때 학생들 주일 출석률이 기네스북에 올랐다는 풍문이 있을 정도였습니다. 주일학교 부흥 비결을 다루는 책에 단골로 소개되기도 했습니다. 신학생 시절, 주위 사람들 중에는 그 교회에 탐방을 다녀오는 경우가 있었습니다. 그런데 적지 않은 사람들의 반응이 '실망했다'였습니다. 실제로 그럴 만했습니다. 교회 학교 예배에 특별한 프로그램이 전혀 없었습니다. 교재도 그렇습니다. 더욱이 영상은 사용하지 않았습니다. 지금 기준으로 볼 때 당시의 '예배'는 충격 그 자체였습니다.

예배 시간은 학생들의 연령이 전혀 고려되지 않았습니다. 발달 과정에 적합한 교육 방법이나 세대에 맞는 문화적 접근이 전무했습니다. 전 세대 예배에서 찬양은 CCM이나 복음성가 없이 어른들이 쓰는 찬송가를 그대로 사용했습니다. 심지어 어린이 부서에서는 '고통의 멍에 벗으려고 예수께로 나옵니다', '내 주를 가까이 하려 함은 십자가 짐 같은 고생이나'와 같은 가사의 찬송을 불렀습니다. 설교나 공과 교재에도 특별한 것이 없습니다. 주일 새벽 담임 목사의 설교를 노트한 것이 설교 원고고 공과입니다. 심지어 예배 시간에 졸거나 떠드는 아이들을 대나무 막대기로 응징하는 교사도 있었습니다(지금은 상상도 못할 이야기입니다). 속이 비어 있는 대나무로 머리를 툭하고 치면 소리의 공명이 일어납니다. 머리가 단단할수록 더 청아하고 선명한 소리가 납니다. 아프진 않지만 소리가 굴욕적입니다. 예배 시간 동안 어디선가 굴욕적인 소리가 들리면 학생들 사이 여기저기서 '키득키득' 웃음소리가 새어나옵니다.

전설 속에는 변하지 않는 메시지가 있다

탐방을 다녀와서 실망했다는 분들에게 꼭 다음의 이야기를 들려주었습니다. "그곳에는 부모님이 많았습니다." 교사들이 저에게 어떤 조건을 요구한다거나 개혁의 대상으로 보는 것이 아니라 무조건적으로 사랑의 존재로 여긴다는 것이 느껴졌습니다. 설교나 공과 시간에 하나님 말씀만이 영혼을 살게 한다는 절박함이 느껴졌습니다. 예배를 마치고 우리들의 손을 잡고 기도할 때 교사의 기도로 영혼들을 하나님께 맡긴다는 진정성이 느껴졌습니다. 어떤 일이 있어도 영혼을 포기하지 않으리라는 진심이 전해졌습니다. 당시에 우리 학생들은 표 내지 않았지만 예배를 마치고 귀가할 때면 늘 부모님과 헤어지는 것처럼 아쉽고 허전한 마음을 안고 돌아갔습니다. 그때 그 경험을 한 대부분의 제 또래들은 성인이 될 때까지도 주님 품을 떠나지 않았습니다. 사회 곳곳에서 복음을 실천하는 건강한 제자들로 쓰임 받고 있습니다.

다소 시대착오적이고 극단적으로 느껴지는 옛이야기를 꺼내는 이유가 무엇일까요? 다시 그때로 돌아가자고 외치는 것은 아닙니다. 이런 전설 따라 삼천리 같은 이야기 속에도 변하지 않는 메시지가 있음을 믿기 때문입니다. 바로 영적 아버지, 어머니의 마음입니다. 시대가 바뀌고 다변화된 세상을 살아도 결코 잃지 말아야 할 것이 있습니다. 영적 부모의 마음입니다. 맡겨진 아이들을 개혁하고 가르치고 평가하기 이전에 사랑의 대상으로 바라보는 마음입니다. 이 마음을 잃으면 교사로서 일부분만 잃는 것이 아니라 전부를 잃는 것입니다. 왜냐하면 하나님은 우리를 일만 스승이 아니라 영적 부모로 불러 주셨기 때문입니다.

지금까지 소개한 전설 속의 교회의 이름은 부산 서부교회입니다. 이 교회에서 교사가 지켜야 할 일을 재구성하여 '레전드 교사 십계명'이라는 이름으로 소개합니다.

TIP ✦ 레전드 교회의 교사 십계명

기도에 관하여	심방에 관하여

제1계명
수첩에 학생 명단을 기록한다. 이것을 하루에 한 번 이상 읽으면서 기도한다.

제7계명
심방은 기회가 있는 대로 한다. 토요일 오후, 주일 오전, 오후에는 의무적으로 심방을 실시한다. 심방할 때 학생들에게 교회 오라는 말로 끝나지 말고 하나님 섬기는 법, 학생의 본분, 의무, 책임 등을 가르친다.

제2계명
몇 해 동안 나오지 않아도 지우지 말고 항상 기도함으로 끝까지 권면하는 기회를 놓치지 말아야 한다.

제8계명
얻었던 학생을 잃으면 짐승에게 내 사랑하는 자식을 잃은 것처럼 아픈 심정이 있어야 한다.

제3계명
사도 바울이 '내가 떠난 것은 몸이요 마음이 아니라고' 하셨던 것처럼 몸은 나뉘어 있어도 항상 학생을 생각하고 기도한다.

제9계명
자기 학생을 잘 분류하고 파악하여 1주일마다, 2-3주마다, 한 달 혹은 두세 달에 한 번이라도 꼭 심방한다. 한 번이라도 교회에 나왔던 학생들을 잃지 말도록 하자.

제4계명
하나님이 붙드시고 일하실 때 맡기셨기 때문에 기도하면 큰 효력이 나타난다.

제10계명
주일 오후, 수요예배, 새벽기도에 학생들이 참석하도록 권면한다.

제5계명
다른 사람 구원을 위해 기도함이 곧 자기 구원이 됨을 알고 감사로 전 인격을 기울여 죽을 때까지 쓰러지지 않도록 기도해야 세운 영혼들이 떨어지지 않는다.

제6계명
교사도 학생도 앞으로 있을지 모를 환란에 대비해서 매일 30분씩 정해진 시간에 기도하는 것을 빠뜨리지 않는다.

아이들의 반응 앞에서
흔들릴 때

울어도 할 수 없다

영적 부모로의 부르심은 '좋아하는 사람이 아니라 필요한 사람'으로의 부르심입니다. 청소년에게 호감을 얻는 것은 아주 중요한 일입니다. 하지만 근본적인 목적은 '필요한 사람'이 되는 것입니다. '좋아하는 사람'이 되는 것은 '필요한 사람'이 되기 위한 과정이지 교사의 목적이 될 수 없습니다. 부모가 자녀에 호감을 얻는 것이 궁극적인 목적이 된다면 어떨까요? 잠깐은 좋을지 모르지만 결국 자녀를 망칠 가능성이 큽니다.

언젠가 우연히 본 CF 장면이 아주 인상적이었습니다. 내용은 아주 단순합니다. 엄마로 보이는 여인이 한 아이의 손을 꼭 잡고 있습니다. 아이는 울면서 남은 손으로 어떤 곳을 가리킵니다. 알고 보니 이 아이는 불량식품을 사달라고 조르는 중이었습니다. 엄마는 불량식품을 사주지 않기 위해 반대 방향으로 끌고 있었던 것입니다. 광고 막바지에 홍보하는 식품 이름이 나오기 직전에 한 문구가 등장합니다. "울어도 할 수 없다. 나는 엄마니까."

이 문구가 제게는 이렇게 해석됐습니다. "청소년들이 싫어해도 할 수 없다. 나는 청소년들에게 필요한 영적 부모로 부름받았으니까." 이 말이 아이들 반응의 노예가 되지 않게 도와줬습니다. 심지어 아이들이 거부하고 싫어하는 반응을 보여도 끝까지 진리를 전하는 맷집을 기르게 해줬습니다. 그 맷집과 뚝심이 복음으로 생명을 낳고 양육하는 결정적인 통로였음은 당연한 결과였을지 모릅니다. 부모의 마음은 필요한 사람이 되려는 마음입니다. 호감을 얻는 것도 중요합니다. 그러나 그것은 하나의 과정이나 도구입니다. 최종적인 목적지는 '꼭 필요한 사람'이 되는 것입니다. 이 진심은 통하게 되어 있습니다.

우리를 낙담시키는 반응들

우리를 낙담하게 되는 이유 중 하나는(어쩌면 결정적인 이유) 아이들의 반응입니다. 청소년을 만나는 교사일수록 더 두드러지게 나타납니다. 어린아이일 때는 교사에게 적극적인 관심과 호의를 나타냅니다. 아이들이 먼저 다가옵니다. 환대받는 것만으로 힘이 되기도 합니다. 그러나 청소년은 상대적으로 교사에게 관심을 보이지 않습니다. 먼저 다가가도 차갑거나 소극적인 반응일 때가 더 많습니다. 다음의 일들이 우리를 힘들게 합니다.

· 학생들이 나를 좋아하지 않는다고 느낄 때
· 시간과 물질을 들여 맛있는 것을 사줬지만 고마워하지 않을 때

- 전화를 해도 받지 않고 문자를 보내도 답장이 없을 때
- 심방을 가려 해도 만류하고 심방을 가도 반응이 시큰둥할 때
- 소그룹, 공과 시간 내내 지루해하고 시계만 쳐다볼 때

이외에도 우리를 힘들게 하는 일들이 있지만 많은 경우 아이들의 반응에 기인합니다. 이때 기억할 사실은 우리는 학생들에게 필요한 사람으로 부름받았다는 사실입니다.

꼭 필요한 사람이 되어 주세요

저와 함께 청소년을 섬기던 교사 한 분이 제게 면담을 요청했습니다. 이분은 오랜 시간 동안 청소년 교사로 헌신하신 분이었습니다. 한 카페에서 만나 자리에 앉음과 동시에 서러운 울음을 터트리셨습니다. 당시 그곳에는 사람이 많아 시끌벅적한 분위기였습니다. 그런데 이분이 얼마나 애절하게 눈물을 흘리셨는지 한동안 정적이 흐를 정도였습니다. 시간이 어느 정도 지난 후에야 겨우 진정이 되어 대화를 이어 갈 수 있었습니다.

이유인즉슨 이제 나이도 먹고 하니 아이들이 본인을 좋아하지 않는 것 같다는 겁니다. 그래서 도저히 교사를 할 수 없을 것 같다고 하셨습니다. 자세한 내막을 듣고 보니 생각보다 스트레스와 상처가 깊게 느껴졌습니다. 인간적인 마음으로는 교사를 내려놓을 만한 충분한 사유였습니다.

그때 저는 이렇게 물었습니다. "선생님을 교사로 세우신 분

이 누구입니까? 하나님이신가요? 아이들인가요?" 한참의 침묵 끝에 입을 떼고 답하셨습니다. "하나님이시죠." 저는 고개를 숙이고 울먹이고 계시는 그분의 정수리를 똑바로 쳐다보고 단호하게 말을 이어 갔습니다. "아이들이 선생님을 좋아하지 않을 수도 있습니다. 하지만 하나님은 선생님이 호감을 얻도록 부르신 것이 아니라 아이들에게 꼭 필요한 교사로 부르셨어요. 아이들에게 필요한 것은 말씀이고 예배이고 기도입니다. 걔들이 좋아하지 않아도 예배하게 하고, 말씀을 들려주고 기도해 주시는 것은 할 수 있잖아요. 선생님은 아이들에게 꼭 필요한 교사가 되어 주세요."

이 대화를 끝으로 이 선생님은 새롭게 청소년 교사로 헌신하셨습니다. 후일에 전해 들은 말에 따르면 **"꼭 필요한 사람이 되어 주세요"**라는 말이 주님의 음성으로 들렸다고 하셨습니다.

풍랑을 잔잔하게 하는 힘

저에게도 이런 내면의 갈등이 있습니다. 청소년들이 가끔씩 저의 외모를 평가할 때가 있습니다. 아이들은 좋은 것도 일부러 부정적으로 말하기도 하기 때문에 저의 외모를 익살스럽게 표현하기도 합니다. 문제는 비교입니다. 제가 정성을 기울인 아이들이 비교합니다. 다른 부서 사역자들의 외모, 설교와 말입니다. 그리고 꼭 선을 넘습니다. "저는 우리 부서 목사님이 아니라 그 목사님이 훨씬 좋아요"라고 말입니다. 그러면 저는 점잖게 응대합니다. "너희 부서 목사님인 나를 먼저 좋아해 줘야지, 그렇게 말해서 되겠니?"라고 말합니다. 물론 마음속으로만 말입니다. 이 말을 입 밖으로 내었다가는 '왕질투', '질투의 화신' 등의 오명을 쓸 것이 분명하기 때문입니다. 만약 화를 버럭 냈다가는 '왕소심', '분노조절장애'라는 수식어와 함께 추해집니다. 괜히 신경을 건드리는 아이들의 멱살을 잡을 수도 없습니다. 그렇다고 경찰에 신고할 수도 없습니다. 그 순간 뭐라고 했다가는 아이들은 '에이 장난이었어요'라는 말로 빠져나가고, 저만 바보가 될 수 있습니다. 아이들의 장난에 말려들지 않기 위해 겉으로는 최대한 아무렇지 않은 척을 하지만 내면에서는 풍랑이 일 때가 있습니다. 가끔씩은 아이들의 입을 꿰매 버리고(!) 싶은 마음이 간절합니다.

그 순간 저의 마음을 바로잡는 문장은 이겁니다. **"그래, 나는 아이들이 좋아하지 않아도 아이들에게 꼭 필요한 사람이 되자."** 청소년 아이들에게 꼭 필요한 것을 전하고 가르치는 일에 집중하자는 마음에 평안을 되찾게 됩니다.

이처럼 청소년 교사 사역은 궁극적으로 아이들에게 꼭 필요한 사람이 되는 것에 있습니다. 이 목적지를 잃어버리면 어느 샌가 표류하고 있는 자신과 공동체를 발견하게 될 것입니다. 반면에 이 목적지만 분명하다면 내면의 풍랑 속에서도 잠잠히 버티는 맷집을 가질 수 있습니다. 스스로 실망하고 낙담하는 상황을 만난다면 아이들에게 진정으로 무엇이 필요한지를 고민해 보는 것도 좋은 방법입니다. 여기서 필요한 사람이 된다고 해서 아이들에게 비호감 이미지를 얻으면서까지 억압적이고 무례해도 된다는 말은 아닙니다. 우리 섬김의 최종적인 목적이 그들의 진정한 필요에 응답하는 데 있다는 뜻입니다.

청소년에게 진정으로 필요한 것

말씀 ― 하나님 말씀을 먹이는 것 말씀은 밥입니다. 영혼을 살아나게 하고, 또 살아가게 하는 밥입니다. 말씀이 없이는 믿음으로 살 수 없습니다. 때를 얻든지 못 얻든지 하나님의 말씀을 먹여야 하는 이유입니다.

예배 ― 살아 있는 예배를 경험하도록 하는 것 예배는 드림입니다. '보는 것'이 아니라 '드리는' 것입니다. 관람석에서 구경하지 않고 제단에서 진실한 고백과 헌신, 결단을 드리는 것으로 살아 있는 예배를 경험합니다.

기도 ― 보이지 않는 곳에서 울어 주는 것 기도는 호흡입니다. 보이는 곳에서의 백 마디 말보다 보이지 않는 곳에서의 한 마디 중보기도가 힘을 전합니다. 청소년은 보이지 않는 곳에서 울어 주는 한 사람이 필요합니다.

인내 ― 끝까지 견디어 주는 것 인내는 변화입니다. 인내로 생명을 얻습니다. 생명이 탄생하고 성장하는 여정은 필수적으로 인내를 필요로 합니다. 청소년 옆에서 끝까지 견디어 주는 사람이 필요합니다.

사랑 ― 조건 없는 사랑을 보여 주는 것 사랑은 흔적입니다. 받을 것을 계산하지 않고 조건 없이 낭비할 때 지워지지 않는 흔적을 남깁니다. 주님의 조건 없는 사랑을 흉내 내는 것은 그리스도의 흔적을 남기는 일입니다.

하나님의 마음이면
충분합니다

낭만적이지 않은 현장

교사로 부름받은 현장은 결코 낭만적이지 않습니다. 현장은 집으로 비유하면 깔끔하게 정돈된 모델하우스가 아닙니다. 모델하우스는 보기에는 좋고 편안하지만 생명이 태어나고 자라는 현장은 아닙니다. 도리어 우리에게 주어진 청소년 현장은 정돈되지 않고 질척대는 일들이 도처에 널려 있는 육아 현장입니다. 이 현장은 청소년과 청소년, 청소년과 교사, 교사와 교사, 교사와 학부모 사이에 보람과 상처가, 환대와 거절이 뒤엉켜 공존하는 세계입니다.

비슷하게 목자가 양을 치는 장면을 떠올려 볼 수 있습니다. 보통 목자와 양이 있는 현장은 낭만적이고 목가적으로 느껴집니다. 소박하고 평화로운 분위기가 떠오릅니다. 푸른 초장과 쉴 만한 물가가 펼쳐져 있는 배경에서 목자들은 나무 그늘에 앉아 편안하게 휴식을 취하고 있습니다. 양들은 삼삼오오 모여 여유롭게 풀을 뜯고 있습니다.

그러나 실제 현장은 결코 낭만적이지 않습니다. 중동 지역의 목자는 흙먼지가 흩날리는 광야에서 활동합니다. 양들은 아름답고 평화로운 풀밭보다는 메마르고 척박한 들판이나 산세가 험한 환경에서 길러집니다. 낮에는 맹렬한 태양 빛, 밤에는 도둑과 맹수들의 위협에 노출되어 있습니다.

문제 속에 답이 있다

우리에게 영적 부모로서의 모델이 되어 주었던 바울의 상황도 마찬가지였습니다. 당시의 고린도교회는 문제가 많았습니다. 사람들은 파당을 지어 분열했습니다. 부끄럽고 비윤리적인 문제로 공동체가 변질되어 있었습니다. 바울의 사도직은 도전받는 환경이었습니다. 절망적이고 상처가 되는 상황에서도 답은 있었습니다. 바로 아버지의 마음이었습니다.

청소년기를 만나는 교사들은 더욱 그렇습니다. 청소년은 모든 면에서 리모델링을 겪는 때입니다. 공사 중인 방이 그렇듯이 어수선하게 널브러져 있고, 정돈이 되어 있지 않을 수 있습니다. 개인적으로 교사들을 만나서 대화를 나누다 보면 적지 않게 듣게 되는 말이 있습니다. "아이들에게 미안하다"는 표현입니다. 학생들을 위해서 충분히 시간을 내서 심방을 하고, 마음을 다해 중보기도도 하고, 뜨거운 열정으로 섬겨야 하는데 그렇지 못하는 것 같아 늘 미안하다는 겁니다. 이 마음이 스스로에 대한 실망감으로 밀려와 매해 그만두고 싶다는 생각이 듭니다.

교사라면 영혼을 섬기는 현장이 우리 생각만큼 늘 유쾌하지 않을 수 있다는 것을 일찌감치 받아들여야 합니다. 이 수용이 우리가 현장에서 겪을 수 있는 돌발 상황과 이해되지 않는 상황에도 버틸 수 있는 맷집을 얻는 데 도움이 됩니다.

그러나 이것이 마음을 진정시키는 데는 도움이 되겠지만 진정한 답이 되지는 못합니다. 교사로서 부대끼는 모든 문제의 진정한 답은 하나님 아버지의 마음입니다. 놓치지 말아야 하는 제로베이스는 하나님 아버지의 마음입니다. 여러 어려움에도 불구하고 하나님 아버지의 마음을 구한다면 문제는 풀릴 수 있습니다.

청소년만 아니면 된다

주일학교 부서 중에서 매년 교사를 내려놓는 비율이 가장 높은 부서가 청소년 부서입니다. 또한 내려놓고 다시 돌아오는 비율이 가장 낮은 부서가 청소년 부서입니다. 교회마다 상황은 다르겠지만 일반적으로 그렇습니다. 그 이유는 상대적으로 힘들기 때문입니다. 제가 신학교를 가기로 결정했을 때 교회의 사역자들은 선배로서 진지하게 권면했습니다. '가능하면 청소년 부서는 피하라'는 말이었습니다. 아동부는 말이 안 통하지만 귀엽고, 청년부는 귀엽지 않지만 말이 통하는 반면 청소년 아이들은 귀엽지도 않고 말도 안 통하기 때문이라고 말했습니다.

그 충고를 뒤로하고 청소년 사역에 뛰어든 지 10년 정도가 지났을 때였습니다. 청소년 사역에 심각한 회의감이 찾아왔습니다. '더 이상 청소년들을 섬기기 싫다'는 고약한 심보로 가득했습니다. 특별한 사건이 있어서도 아니었습니다. 겉보기에는 양적, 질적 열매가 절정일 때였습니다. 그전까지는 동료 교사들이 어려움을 호소하며 떠날 때도 깊게 공감하지 못했습니다. 그러나 그 이후로는 가슴으로 이해하기 시작했습니다. 물론 청소년만 사역의 대상이라고 할 수는 없습니다. 전체 주일학교가 동일하게 소중한 섬김의 대상입니다. 문제는 '청소년만 아니면 된다'는 도피 의식이었습니다.

슬럼프가 찾아올 때

회의감이 찾아온 이유는 크게 세 가지였습니다. 먼저는 너무 빨라지는 '청소년 세대교체' 때문이었습니다. 과거에는 학년과 성별이 달라도 그들만이 독특하게 공유하는 문화가 있었습니다. 하지만 시간이 갈수록 청소년 문화는 쉽게 규정하기 힘들어졌습니다. 갈수록 다양해지고 복잡해졌습니다. 매년 신입생으로 완전히 '새로운 인류'를 만나야 했습니다. 아이들에게 조금 적응할 때면 졸업입니다. 그리고 또 새로운 인류를 맞이합니다. 주도하기보다는 뒤따라가기에 급급할 수밖에 없는 빠른 청소년 세대교체가 깊은 피로를 느끼게 했습니다.

둘째는 '밑 빠진 독에 물 붓는 일'이라는 생각이었습니다. 누군가를 섬긴다는 것은 좋은 반응을 바라고 하는 행동은 아닙니다. 그러나 목적 없이 하는 행동은 아닙니다. 우리의 섬김에는 사심이 없어야 하지만 섬김의 목적은 분명해야 합니다. 궁극적으로 아이들이 예수 그리스도를 만나고 거듭나는 것입니다. 청소년 사역은 이 목적을 위해 들여야 하는 시간과 노력이 아주 많습니다. 청소년 사역은 먹여야 합니다. 때와 기한이 없습니다. 계속 먹여야 합니다(아이들은 시도 때도 없이 많이 먹습니다). 함께 뒹굴고 놀아야 합니다(아이들은 지치지 않습니다). 주일만이 아니라 평일에도 함께 시간을 보내야 합니다. 이런 노력에 비해 목적 달성이 지지부진해 보일 때 무기력함을 느낍니다.

셋째는 '계란으로 바위 깨기'라는 생각이었습니다. 청소년기는 영적으로 분명 중요한 시기입니다. 그 중요성이 클수록 아이들을 잘 섬길 역량이 부족하다고 느낄 때가 많습니다. 그리고 청소년을 제대로 돌보려면 부모님과 소통할 일이 많습니다. 때론 섬겨야 하는 청소년과 그 가정에 비해 자신의 역량이 너무 부족하다고 느껴 좌절감을 맛봅니다.

요나 신드롬

청소년'만' 아니면 된다는 마음으로 도망하는 길에서 마주친 사람이 있습니다. 구약 성경의 요나 선지자였습니다. 이 선지자는 니느웨'만' 아니면 된다는 마음으로 도망 다니는 사람이었습니다. 비록 내용은 다르지만 도망 다닌다는 점에는 같은 증후군(신드롬)을 겪고 있었습니다. 요나가 이 길 끝에서 마주친 것은 하나님의 마음이었습니다.

이 큰 성읍 니느웨에는 좌우를 분변하지 못하는 자가 십이만여
명이요 가축도 많이 있나니, 내가 어찌 아끼지 아니하겠느냐
하시니라

욘 4:11

요나의 역주행 길 위에 하나님은 올바른 이정표를 제시하셨
습니다. 그것은 백성들을 향한 긍휼의 마음이었습니다. 좌우를
분변하지 못하는 백성이라는 말은 선악을 구별하지 못한다는 의
미입니다.[2] 이들이 망하는 이유는 하나님을 아는 지식이 없어서
였습니다.

요나서는 열린 결말입니다. 이 하나님의 마음에 대한 요나
의 응답은 기록되지 않았습니다. 이 결말은 저와 같은 요나 신드
롬을 겪는(겪을 수 있는) 사람들에게 열려 있습니다.

저의 역주행 길 위에서 요나에게 주어진 하나님의 이정표를
발견하게 되었습니다. 좌우를 분변하지 못하는 청소년들을 보시
는 하나님의 마음이었습니다. 청소년들은 선악을 구별하지 못하
게 하고, 하나님을 아는 지식을 조롱하는 세계 속에 살아가고 있
습니다. 이들을 향해 "내가 어찌 아끼지 아니하겠느냐"라고 외
치시는 하나님 아버지의 마음은 청소년과 저를 바라보는 관점을
바꾸기에 충분했습니다. 너무 빠른 세대교체가 주는 피로감, 밑
빠진 독에 물 붓는 듯한 무기력함, 계란으로 바위를 깨는 좌절감
보다 아버지의 마음이 더 크기 때문입니다. 어떤 환경과 처지에
도 불구하고 아버지의 마음을 구하는 것이 바른 방향을 견지하
게 하는 백신이자 치료제입니다. 이처럼 청소년을 아끼시는 하

나님의 마음이라면 다시 시작할 수 있습니다.

청소년, 미전도 종족

이들을 향한 하나님의 마음은 현재 청소년을 섬기고 있는 우리 모두에게 열려 있습니다. 보통 선교학에서 복음화율이 3퍼센트대 이하일 때 미전도 종족이라 부릅니다. 그런 점에서 우리나라 청소년은 미전도 종족이라고 할 수 있습니다. 청소년 복음화율이 3퍼센트를 밑돌기 때문입니다. 이런 현실은 시간이 갈수록 가속화될 것으로 보입니다. 청소년은 또 다른 선교지입니다. 하나님은 청소년으로 선악을 분별하게 하고, 하나님을 알게 하는 선교사로 우리를 부르셨습니다. 이 선교의 성패는 '그럼에도 불구하고 하나님 아버지의 마음을 품는 것'입니다.

하나님 아버지의 마음을 품을 때 밑 빠진 독에 물을 붓는 일을 계속할 수 있습니다. 그 빠진 밑에서 새어 나온 물이 생명을 살리는 것을 볼 수 있는 눈이 열리기 때문입니다. 이 마음을 품을 때 계란으로 바위 깨는 일을 포기하지 않을 수 있습니다. 하나님이 시작하신 일인 만큼 바위로 계란을 깨는 것만큼 확실하고 분명하게 이루실 것을 믿을 수 있기 때문입니다.

TIP ✨ 통역이 필요한 청소년의 속마음

보이는 것	속마음
물어도 잘 대답하지 않는다	무슨 말을 어떻게 해야 할지 모르겠어요
허세를 부린다	저 좀 알아주세요
무기력하다	왜 해야 할지 모르겠어요
냉소적이다	자신이 없어요
짜증을 낸다	기다려 주세요
자기주장만 내세운다	제 생각도 존중받고 싶어요
혼자 있고 싶다	생각을 정리할 시간이 필요해요
잠수를 탄다	모든 것이 두려워요
만사가 귀찮다	해야 할 일이 너무 많아요
게임과 아이돌에 빠져 있다	마음 둘 곳이 없어요

우선
채워야 합니다

교사가 청소년에게 줄 수 있는 복

부모가 자녀에게 줄 수 있는 최고의 복은 부모 자신의 건강입니다. 부모 자신의 육체적, 정신적 건강이 자녀에게 성장할 든든한 버팀목이 되기 때문입니다. 마찬가지로 청소년 교사가 청소년에게 줄 수 있는 최고의 복은 교사 자신의 영적 건강입니다. 교사가 영적으로 건강할 때 은혜가 흘러가게 되어 있습니다. 빛을 숨길 수 없는 것처럼 은혜 또한 숨길 수 없기 때문입니다. 여기에 기독교 교사의 독특성이 있습니다. 우리는 청소년에게 단지 지식만 전수하는 데 목적이 있지 않고 그리스도를 사랑하게 하는 데 목적이 있습니다. 이를 위해 일차적으로 우선시할 부분은 교사의 영적 건강입니다.

교사의 영혼 중심잡기, N.I.B.C.

N — Nobody "나는 아무것도 아닙니다" N.I.B.C.는 'Not I, But Christ'(내가 아니라 오직 주님)의 줄임말입니다. 우리의 영적 건강은

세례 요한이 '나는 그리스도가 아니다'라고 외쳤던 고백에서 시작합니다. '나는 주인이 아닙니다', '나는 할 수 없습니다', '나의 뜻대로 살 수 없습니다'라는 고백입니다.

I — Influence "주님의 영향을 받겠습니다" 우리 영혼은 영향을 받습니다. 누구에게 영향을 받는가가 우리 영적 건강을 결정합니다. 더 정확하게는 그리스도께 영향을 받는가 그렇지 않는가에 달려 있습니다. 매일의 말씀 묵상과 기도 시간은 주님의 영향을 받는 가장 확실한 통로입니다.

B — Body "나는 그의 몸입니다" 우리는 '홀로' 지어져 가는 그리스도의 몸이 아닙니다. '함께' 지어져 가는 그리스도의 몸입니다. 공동체를 소홀히하거나 배제하는 신앙에는 결국 빨간불이 들어오기 마련입니다. 한 몸의 다른 지체로 불러 주신 공동체 안에 연결되어 서로 양분을 나누어야 합니다.

C — Continue "지속적으로 나아갑니다" 건강은 약함을 전제합니다. 약함이 없기 때문에 건강한 것이 아니라, 약함을 극복할 수 있기 때문에 건강하다고 말할 수 있습니다. 마찬가지로 영적 건강은 실패를 전제합니다. 실패는 영적 건강의 걸림돌이 아니라 디딤돌입니다. 넘어져도 다시 일어나서 나아가야 합니다.

가장 우선하는 부르심

소명에 관한 고전이라고 할 수 있는 오스 기니스의 《소명》에서는 부르심에 대해 다음과 같이 주장합니다.

그리스도를 따르는 자로서의 일차적인 소명은 그분에 의한, 그분을 향한, 그분을 위한 것이다. 무엇보다 일차적으로 우리는 하나님에게 부름받은 것이지, 무엇인가(교사)로나 어디엔가(선교지)로 부름받은 것이 아니다.[3]

이에 따르면 교사에게 있어서 가장 중차대한 부르심은 하나님과의 관계입니다. 우선적으로 이 관계가 바로 서야 교사로서의 사명도 감당할 수 있습니다. 반대로 이 관계가 바로 서지 않으면 사명도 힘들어집니다. 매년 청소년 교사를 내려놓는 분들을 만나 보면 이유가 다양합니다. 그러나 결정적인 원인은 바로 하나님과의 관계의 균열입니다. 청소년 교사로의 부르심은 먼저 하나님과의 관계로의 부르심임을 잊지 않아야 합니다. 이 관계에서 청소년 사명도 따라오기 때문입니다.

청소년을 섬기는 현장에서 교사분들과 동역하면 할수록 확신하게 되는 사실이 있습니다. 바로 아이들은 교역자와 교사의 건강만큼 자란다는 사실입니다. 더 정확하게 표현하면, 교역자와 교사가 몸부림치는 만큼 아이들은 자랍니다. 한 해 동안 각 반의 아이들을 점검해 보면 몰라보게 성장하는 아이들이 있습니다. 그 반에는 여지없이 영적으로 몸부림치는 교사가 있습니다. 반면에 슬럼프에서 헤어나지 못하는 아이들이 많은 반에는 슬럼프에 주저앉은 교사가 있습니다. 여기서 핵심은 바로 '몸부림치는 것'입니다. 이 말은 다른 말로 '자리를 지킨다'는 말입니다.

배우는 자리를 지켜야 합니다

영어 단어 '티처블'(teachable)은 '잘 배우는'이라는 뜻을 가지고 있습니다. 가르침을 잘 받을 줄 알아야(teachable) 다른 사람도 잘 가르칠(teach) 수 있는 셈입니다.

기독교 교육에 있어 영향력 있는 분을 꼽는다면 두 분을 들수 있습니다. 파커 팔머 교수와 하워드 헨드릭스 교수입니다. 두 분이 강조하는 공통점이 있다면 티처블한 마음입니다. 파커 팔머 교수는 '교사는 배우는 사람'이라고 정의합니다. 하워드 헨드릭스 교수는 교사의 원리를 '오늘 성장하기를 멈춘다면 내일 가르침을 멈춘다'고 설명합니다. 교사는 '가르치고 동시에 배워야 하는 존재'임을 말해 줍니다.

하워드 헨드릭스 교수의 삶을 변화시키는 가르침에서 티처블의 한 예화를 소개합니다. 그가 하루는 강사로 주일학교 대회에 참석하게 되었습니다. 점심시간에 우연히 이 대회에 참석한 할머니 한 분과 합석하게 되었습니다. 이 할머니는 83세의 나이였습니다. 65명의 주일학교 학생이 있는 어느 교회에서 13명의 중학생들을 맡고 있는 교사이기도 했습니다. 이 배움의 자리에 참여하기 위해서 전날 밤에 고속버스를 타고 오셨습니다. 이 이야기를 들은 하워드 헨드릭스 교수는 의아했습니다. 보통 전체 주일학교 학생에 비해 맡고 있는 학생이 많으면 자만에 빠져 배움을 터부시할 수 있기 때문입니다. 무엇 때문에 그 연세에도 참여하게 되었냐는 물음에 할머니는 다음과 같이 말했습니다. "내가 좀 더 나은 교사가 되도록 무언가 배우고 싶었지요."[4] 티처블한 마음을 가진 이 할머니 교사에게 배운 학생들 중에서 84명이 전임 사역자가 되고, 그중에 22명이 하워드 헨드릭스 교수가 가르치는 신학교를 졸업했다고 합니다.

청소년 교사에게는 티처블한 마음이 필요합니다. 가르치면서도 배워야 하는 사역이기 때문입니다. 하지만 현실적으로 쉽지 않습니다. 아이들을 만나고 먹이고 가르치는 일도 벅찹니다. 그래서 몸부림쳐야 합니다. 배울 때 가르칠 수 있습니다.

무엇보다 교회와 부서에서 진행하는 교육과 세미나에 자리를 지켜야 합니다. 교사 세미나를 섬기려고 교회들을 방문해 보면 비어 있는 자리를 종종 봅니다. 공식적인 배움의 자리를 비운다는 것은 아무것도 배우지 않는다는 것과 똑같습니다. 배우는 자리를 사수해야 합니다. 그 자리를 지킬 때 한 가지라도 얻을 수 있습니다.

예배의 자리를 지켜야 합니다

청소년 시절에 우리 동네에서 유명한 부부가 있었습니다. 동네를 다니시면서 버려진 물건을 수집해서 파시는 것으로 생계를 이어 가시는 분들이었습니다. 당시만 해도 넝마주이라는 이름으로 천시받던 일이었습니다. 이 일을 하시는 분들은 되도록 정체를 드러내지 않으려고 모자와 마스크로 얼굴을 가리시거나 야간에 일을 하셨습니다. 하지만 이 두 분은 한낮에 일하셨고 입에서는 찬송 소리가 그치지 않았습니다. 본인들이 일을 할 수 있다는 것만으로도 감사하다는 고백이 끊어지지 않았습니다. 동네 사람들은 누구도 이 두 분을 무시하지 않았습니다. 도리어 본받을 점이 많다는 칭찬을 아끼지 않았습니다. 교회를 다니지 않는 사람들도 말입니다.

그 두 분은 제가 다니던 교회의 교사였습니다. 동네에서 고물을 찾기 위해 다니시다가 제자들을 만나면 민망할 수도 있습니다. 그러나 제자들을 마주치면 항상 이름을 크게 불러 주었습니다. 그리고는 항상 해와 같이 빛나는 얼굴로 말하셨습니다. "예수님만 잘 믿으면 된다. 축복한다!" 당시 저와 또래들은 늘 범상치 않은 분들이라고 말하곤 했습니다.

두 분의 진짜 비밀은 주일 예배에 있었습니다. 두 분은 학생들에게 일절 예배 잘 드리라고 말하지 않았습니다. 그분들이 예배드렸습니다. 예배드리는 모습 자체가 훌륭한 교재였습니다. 그분들이 가르치던 학생들은 가랑비에 옷 젖듯 저절로 예배에 함께 동참하게 되었습니다.

청소년은 교사의 등에서 배웁니다. 아이들은 듣는 것에 움직이지 않습니다. 보는 것에 움직입니다. 저는 교사분들에게 자주 말합니다. "우리가 예배만 성공해도 청소년 사역은 절반 이상 성공한 셈입니다" 왜냐하면 아이들은 보기 때문입니다. 우리가 예배에 오는 시간, 예배에서 드리는 헌금, 예배에서는 드리는 자세를 보면서 예배의 소중함을 배워 갑니다.

청소년 교사로서 예배 자리를 지키는 일은 학생들에게 훌륭한 교재가 되지만 교사 사역을 가능하게 하는 조건이기도 합니다. 예배를 통해 흘러오는 은혜를 받아야만 흘려보내 줄 수 있습니다. 이런 점에서 헨리 나우웬의 말은 일리가 있습니다.

> 예수님의 질문은 "내가 어떻게 만족을 얻을 것인가?"가 아니라
> "상대의 진정한 필요에 어떻게 반응할까?"였다. 이는 더 깊은
> 만족과 더 깊은 친밀함이 있을 때만 가능한 일이다.[5]

우리는 예배를 통해 더 깊은 만족과 더 깊은 친밀함을 경험합니다. 그럴 때 우리의 만족이 아니라 청소년의 진정한 필요에 초점을 두게 됩니다. 예배에 대해서 항상 세 가지를 점검할 필요가 있습니다.

예배하는 교사의 세 가지 점검

첫째, 예배를 준비하시나요? 우리는 누구를 만나는가에 따라 준비가 달라집니다. 집 앞 편의점 사장님을 만나러 갈 때와 청와대에 대통령을 만나러 갈 때 우리는 다르게 준비할 겁니다. 예배는 하나님을 만나는 시간입니다. 그 누구와도 비할 수 없는 영광스러운 분을 높여 드리는 자리입니다. 예배에 자유가 있는 것도 사실이지만, 준비하는 만큼 깊어지는 것도 사실입니다. 예배에 드리는 헌금, 대표기도, 특송 등을 미리 준비해야 합니다. 준비된 예배는 아이들에게 예배의 중요성을 알리는 메시지가 됩니다.

예배가 준비되지 않았을 때는 발등에 불이 떨어집니다. 예배 직전에 급하게 물건을 찾거나 순서를 준비합니다. 예배 직전

이나 설교 시간에 소그룹 내용을 숙지합니다. 그러면 아이들이 보이지 않습니다. 예배실로 들어오는 아이들의 이름을 불러 줄 수 없고, 환영해 줄 수 없습니다. '아이컨택'도 할 수 없습니다. 아이들은 주일 오전마다 여유가 없는 교사를 보면서 외로움을 느낍니다. 예배 전에는 온전히 아이들에게 관심이 집중되어야 합니다.

둘째, 예배 전날 일찍 주무시나요? 예배는 정해진 시간부터 시작하지 않습니다. 그전에 준비하는 시간부터 시작합니다. 주일예배는 일요일 예배 시간에 시작되는 것이 아니라 토요일 저녁부터 시작됩니다. 토요일 저녁에 일찍 잠자리에 드는 데 실패하면 주일 오전 예배도 실패할 가능성이 큽니다. 예배 전날은 일찍 잠자리에 들어야 합니다.

셋째, 주일 예배의 모든 순서에 참여하시나요? 교사는 아이들로 하여금 예배를 드리게 하는 사람이 아닙니다. 아이들과 함께 예배를 드리는 사람입니다. 이것이 역설적으로 아이들로 하여금 예배를 드리게 합니다. 그래서 교사는 모든 예배의 순서에 빠짐없이 참여해야 합니다(어떤 순서에도 관람자가 되어서는 안 됩니다). 예를 들어 찬양 시간에 다른 교사들과 친교를 나누고, 설교 시간에 소그룹을 준비하면 안 됩니다. 모든 예배의 순서에서 예배자가 되어야 합니다.

{ 나
이대로 괜찮을까? }

사춘기가 반응이 없고, 응답이 없을 때라는 것을 알고 있지만 그럴 때마다 마음이 어렵다.

사춘기가 응답이 없을 때라지만 또래끼리 있을 때는 굉장히 수다스럽습니다. 처음에는 저도 적응이 되지 않았습니다. 소그룹 시간에 말이 없던 아이들이 친구들과 있을 때는 말이 많은 것을 보면서 일종의 배신감도 들었습니다.

청소년을 만날수록 한 가지 느끼는 점이 있습니다. 아이들은 사실 자신의 속마음을 이야기하고 싶어 한다는 것입니다. 아이들에게는 입을 여는 조건이 있습니다. 바로 신뢰입니다. 신뢰하는 사람에게는 자신의 속마음을 수다스럽게 늘어놓습니다. 신뢰는 함께 보내는 시간에 비례합니다. 매년 초에 입을 열지 않던 아이들이 시간이 지날수록 입을 열어 갑니다. 그래서 마음의 여유를 가지고 함께 충분한 시간을 보내는 것이 한 방법입니다.

또한 사춘기는 또래의 압력을 받는 시기입니다. 다른 친구들이 입을 열지 않는 환경에서 자신만 말을 하면 '나댄다' 또는 '튄다'고 느낍니다. 이런 경우에는 일대일로 만나는 것도 마음과 입을 여는 방법입니다.

교사로서 시간이 부족하다. 바쁘게 일상을 살다 보면 아이들을 위해 연락도 못하고, 기도도 못 해줄 때가 많다. 그러다 보면 주일날 준비 없이 아이들 앞에 서게 된다. 나는 교사의 자격이 없는 것일까?

마치 제 마음을 보는 기분입니다. 저도 한 주간 정신없이 보내다가 주일을 맞이할 때면 무한한 후회가 몰려옵니다. 설교 준비가 미흡해서 설교를 망치기라도 하면 자책감으로 잠을 이루지 못합니다. 그래서 '나 괜찮을까?' 하고 자책하는 성찰은 저의 이야기이기도 합니다.

결론적으로 말씀드린다면 괜찮습니다. 왜냐하면 '지금부터 시작'하면 되기 때문입니다. 누구나 미흡할 수 있고, 실수할 수 있습니다. 문제는 알면서도 아무것도 하지 않는 것입니다. 우리 머리 위에 새가 날아가는 것은 어쩔 수 없지만, 머리 위에 새가 둥지를 트는 것은 막을 수 있습니다. 미흡한 준비의 고리를 끊어 낼 수 있도록 지금 다시 도전하면 됩니다.

한번 작정하고 준비해서 아이들 앞에 서보세요. 그러면 생각보다 어려운 일이 아님을 깨닫게 되실 겁니다. 그리고 무엇보다 준비하는 데서 오는 희열과 힘이 생각보다 큼을 느끼게 되실 겁니다. 이런 경험이 지속적으로 쌓이면 다음번에 넘어졌을 때 더 거뜬히 일어나 도전할 수 있는 영적인 체력을 제공합니다. 지금 다시 시작하면 됩니다.

2

[온전함]

그가 어떤 사람은 사도로, 어떤
사람은 선지자로, 어떤 사람은
복음 전하는 자로, 어떤 사람은
목사와 교사로 삼으셨으니, 이는
성도를 **온전하게** 하여 봉사의
일을 하게 하며 그리스도의 몸을
세우려 하심이라.

엡 4:11-12

{ 청소년,
골고루 자라야 합니다 }

우리를 교사로 불러 주신 이유는 아이들로 온전하게 하기 위함입니다. 에베소서는 교사에 대해 다음과 같이 기록합니다.

그가 어떤 사람은 사도로, 어떤 사람은 선지자로, 어떤 사람은 복음 전하는 자로, 어떤 사람은 목사와 교사로 삼으셨으니, 이는 성도를 온전하게 하여 봉사의 일을 하게 하며 그리스도의 몸을 세우려 하심이라.

엡 4:11-12

여기에 기록된 교사는 엄밀히 말해 주일학교 교사를 지칭하지 않습니다. 지금의 전임 목회자에 가깝습니다. 그러나 교사는 소그룹 아이들의 목자라는 점에서 함께 적용할 수 있습니다.

네 가지의 관계 회복

사람은 죄로 인해 관계가 깨어졌습니다. 크게는 하나님과의 관계, 자신과의 관계, 공동체와의 관계, 세상과의 관계가 깨어 졌습니다. 아담의 범죄 이후로 사람들은 이처럼 관계에 있어서 제자리를 잃어버리고 허물어진 모습을 지속적으로 보여 주었습니다. 그러나 그리스도로 인해 비로소 이 관계들은 회복될 수 있었습니다. 정리해 보면 다음과 같습니다.

관계	깨어진 관계	회복된 관계
하나님과의 관계	진노의 대상이 되다 (롬 1:18)	하나님과 인격적인 교제를 나누다 (롬 8:15)
자신과의 관계	하나님께 거절당하다 (롬 3:23)	하나님께 용납되다 (롬 8:30)
공동체와의 관계	자기중심으로 관계 맺다 (롬 14:13)	하나님 중심으로 관계 맺다 (롬 15:1)
세상과의 관계	이 시대가 기준이 되다 (롬 12:22)	하나님의 뜻이 기준이 되다 (롬 12:21)

우리는 예수 그리스도로 인해서 하나님과는 인격적인 교제를 나누는 관계가 되었고, 나 자신과는 하나님 소유라는 정체성을 지닌 관계가 되었습니다. 공동체(교회)와는 하나님 중심으로 맺어진 관계가 되었고, 세상과는 하나님의 사명이라는 렌즈로 바라보는 관계가 되었습니다.

청소년이 온전하게 된다는 것은 그들이 회복된다는 뜻입니다. 잃어버린 제자리를 되찾고, 깨어진 상태가 다시 완전하게 되는 일입니다. 하나님과의 관계, 자신과의 관계, 공동체와의 관계, 세상과의 관계를 회복하는 일입니다. 교사의 가르침은 이 네 가지의 관계 회복에 초점을 맞춰야 합니다. 너무 큰 이야기로 들릴 수 있습니다. 그러나 결과를 보면 초점이 있는 것과 없는 것의 차이는 더할 수 없이 큽니다. 초점이 분명할 때 가르침과 기도의 내용이 한층 더 선명해집니다.

관계	가르침의 초점
하나님과의 관계	지정의를 사용하여 하나님을 알아가고 하나님과 동행하는 것
자신과의 관계	하나님의 소유라는 정체성과 그리스도의 성품을 닮아 가는 것
공동체와의 관계	자기중심의 판단이 아닌 하나님 중심으로 서로 용납하는 것
세상과의 관계	복음으로 세상을 해석하고 창조물을 책임지고 돌보는 것

네 가지의 관계를 회복하려면

하나님과의 관계 회복을 위해서는 **지정의를 사용하여 하나님을 알아 가고 하나님과 동행하는 것**을 가르쳐야 합니다. 하나님을 지적으로 알아 가고, 하나님과 정서적으로 사랑을 나누며, 하나님과 매 순간 의지적으로 동행하는 청소년이 되는 데 가르침의 초점이 있습니다.

자신과의 관계 회복을 위해서는 **하나님의 소유라는 정체성과 그리스도의 성품을 닮아 가는 것**을 가르쳐야 합니다. 자신은 하나님의 작품이라는 자아 정체성과 하나님 나라 백성이라는 신분 정체성을 지니고 예수 그리스도의 성품을 닮아 가는 청소년이 되는 데 가르침의 초점이 있습니다.

공동체(교회)와의 관계 회복을 위해서는 **자기중심의 판단이 아닌 하나님 중심으로 서로 용납하는 것**을 가르쳐야 합니다. 상대가 웃을 때 울고, 울 때 웃는 것이 아니라 반대로 함께 웃고 함께 울어 주는 동료애가 필요합니다. 섬김을 받기보다 예수님처럼 섬기며, 자기중심적으로 다른 지체를 판단하지 않고 하나님 중심으로 사랑하는 청소년이 되는 데 가르침의 초점이 있습니다.

세상과의 관계 회복을 위해서는 **복음으로 세상을 해석하고 창조물을 책임지고 돌보는 것**을 가르쳐야 합니다. 단순히 세상의 메시지를 수용하고 유행을 따라가기보다는 예수 그리스도의 복음의 렌즈로 세상을 해석하는 것이 필요합니다. 세상과 사회의 깨어진 요소를 아파하고, 그것을 위해 기도하며, 하나님이 만드신 창조물을 아끼고 보호하는 청소년이 되는 데 초점이 있습니다.

온전한 회복과 불완전한 회복

청소년의 회복에도 온전한 회복과 불완전한 회복이 있습니다. 둘의 차이를 다음의 그림에서 볼 수 있습니다. 온전한 회복은 네 가지 관계가 서로 유기적으로 회복되는 것입니다. 머리와 몸통과 팔다리가 유기적으로 연결되듯 균형 있게 성장하는 것입니다. 예수께서 지혜와 키가 자라 가며 하나님과 사람에게 더욱 사랑스러워 가시는 것(눅 2:52)과 같습니다. 하나님과의 관계가 회복되는 일이 자신, 공동체, 세상과의 관계를 긍정적으로 변화시킵니다. 그리고 이 네 가지 관계가 서로의 관계를 회복하는 데 온전한 영향을 미칩니다.

반면에 불완전한 회복은 네 가지의 관계가 서로 분리되어 회복되는 것입니다. 서로가 상관없이 떨어져 있으면 불완전할 수밖에 없습니다. 가분수처럼 몸에 비해 머리만 비상식적으로 크거나, 머리는 작은데 팔다리만 기괴하게 길게 뻗어 있다면 완전할 수 없습니다. 예를 들어 하나님과의 관계는 친밀할지 몰라도 자신을 비관적으로 여길 수 있습니다. 자신과의 관계는 회복되었지만 상대에 대한 예의와 교양을 상실한 청소년이 될 수 있습니다. 또는 공동체와의 관계가 회복되었더라도 세상에 대한 그리스도인의 책임을 도외시할 수도 있습니다. 다른 관계를 무시한 채 하나님과의 관계만 좋다고 해서 신앙이 온전하다고 말할 수 없습니다.

네 가지의 관계가 서로 유기적으로 연결되어 회복되려면 어느 특정 관계만을 강조하지 말아야 합니다. 그것은 다른 관계의 중요성을 상대적으로 가볍게 여기거나 무시하는 결과를 낳을 수 있습니다. 청소년을 가르치는 일에서 네 가지의 관계를 항상 염두에 두어야 하는 이유입니다.

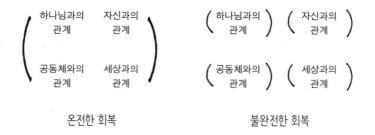

온전한 회복   불완전한 회복

{ 청소년은 변신 중입니다 }

전 세대를 통틀어서 청소년만큼 베일에 싸인 세대가 없습니다. 사회에서 청소년에게 부여된 이름만 봐도 그렇습니다. 새로운 인류를 뜻하는 '호모중고딩쿠스', 인류와 다른 존재를 뜻하는 '외계인', 환자를 의미하는 '중2병', 반사회적인 존재를 말하는 '시한폭탄' 등의 별칭이 청소년을 둘러싸고 있습니다.

일상적으로 청소년을 묘사하는 단어들에는 '이해되지 않는다', '소통이 되지 않는다', '제멋대로다', 심지어는 '무서운 존재다'라는 인식이 담겨 있습니다. 개인적으로 성도들에게 청소년 교사로 헌신해 주기를 권면하면 거절당할 때가 많았습니다. 거절하는 사유 중에 '청소년들은 무섭다'는 말이 압도적으로 많았습니다. 실제로 청소년을 보면 틀린 말이 하나도 없다는 것을 실감합니다. 그들은 무리 지어 다닙니다. 매일 아침마다 혼이 반쯤 나간 채로, 교복 입은 좀비 행색으로 학교를 향합니다. 말끝마다 욕을 달고 살며(요즘에는 욕 끝에 말을 합니다), 장소를 불문하고 고성방가를 내지릅니다. 가끔은 예측할 수 없는 충동적인 행동을 합니다. 분명 청소년의 요란한 별명은 이유 있는 이름입니다.

하지만 청소년을 알아 갈수록 그 별명들이 하나같이 모두 과장되고 왜곡된 것임을 알게 됩니다. 청소년을 온전히 이해하는 데 도움이 되기보다는 도리어 방해가 됩니다. 이들은 이해할 수 없는 외계인도, 위협적인 시한폭탄도 아닌, 저마다 사랑이 필요한 영혼임을 알게 됩니다. 관심과 사랑에 목마른 아이들, 자신의 속내를 털어놓고 싶은 수다쟁이들, 부모님의 기대에 눌려 있는 아이들, 미래의 불확실함으로 위축되어 있는 마음의 난쟁이들입니다. 하나님 사랑이 필요한 청소년입니다.

청소년의 이유 있는 변신

청소년기(adolescence)는 사람의 발달과정 중에서 독특한 위치를 차지합니다. 아동에서 성인으로 가는 길목이기 때문입니다. 아동이었던 아이가 청소년기를 거치면서 몸과 마음이 성인이 되어 갑니다. 그만큼 청소년 시기는 그 이전까지 경험하지 못했던 급격한 변화를 겪습니다. 0-3세 동안 진행되는 1차 성징이 급격한 신체 변화를 중심으로 이뤄진다면, 청소년기 동안 진행되는 2차 성징은 신체 변화와 더불어 급격한 정서적 변화를 겪습니다.

이 변화는 극도의 혼란을 동반합니다. 마치 새가 자유롭게 날갯짓을 하려고 알을 깨고 나와야 하는 것과 같습니다. 청소년기는 지금까지 살아오면서 익숙해진 몸과 정서가 완전히 새롭게 변신하는 중이라고 할 수 있습니다. 청소년을 알아 가는 방법으로 발달과정의 특징을 아는 것이 있습니다. 모든 청소년의 행동과 심리를 설명할 수는 없지만 전체적으로 볼 수 있는 안목을 줍니다.

신체 변신에 대한 교사의 언어

Best! 하나님의 작품으로 대하기	Worst! 외모 평가하기
넌 비교할 수 없는 하나님의 작품이야.	넌 왜 이렇게 웃기게 생겼니?
다른 건 틀린 게 아니라 유일한 거야.	다른 애들 크는 동안 넌 뭘 했니?
넌 지금 성장하는 과정에 있는 거야.	살 좀 빼라(또는 살 좀 쪄라).

신체(body)가 변신 중입니다 청소년기에는 신체적인 발달이 활발하게 일어납니다. 이 시기에는 키가 1년에 10센티미터, 많게는 2년 만에 25센티미터가 자라기도 합니다. 그야말로 폭풍 성장기입니다. 그 결과 외모에 상당한 변화가 생깁니다. 어릴 때 귀엽던 얼굴이 몰라보게 달라지기도 하고, 피부에는 여드름이 나기 시작합니다. 키가 성인을 훌쩍 뛰어넘을 만큼 자라기도 합니다. 문제는 급격한 신체적인 성장이 짧은 기간 동안 일어난다는 겁니다. 자신의 외모에 충분히 적응할 새도 없이 하루하루 변신하는 낯선 자신을 받아들여야 합니다.

뼈와 근육이 같은 속도로 자라지 않기 때문에 신체적 발달 초기의 경우에는 고정된 자세가 많이 불편합니다. 보기에 따라서는 몸을 많이 뒤척여서 주위가 산만해 보이기도 하고 편안한 자세를 추구한 나머지 널브러져 있는 것처럼 보입니다. 또한 또래들 사이에서 발달의 격차가 매우 큽니다. 본격적으로 비교가 시작됩니다. 신체를 비교하여 우월감과 허세를 드러내거나, 반대로 열등감과 심한 자기비하에 빠지기도 합니다. 자신이 가진 신체 이미지는 자아 이미지에 결정적인 요소를 차지합니다.

청소년기의 급격한 성장은 스스로에게 지나치게 몰두하게 만듭니다. 이때 보이는 특징이 자기중심성입니다. 이는 이기주의와 다릅니다. 마치 자신은 무대 위에 서 있는 배우이고, 상상 속의 관중이 자신에게 주목하는 것처럼 느낍니다. 실제로는 누구도 관심 갖지 않는 상황에서도 여전히 사람들이 자신을 보고 있다고 느낍니다. 가령 어떤 일을 할 때, 자신의 눈에 보이는 사람들을 신경 쓰기보다 그 사람들의 눈에 비치는 자신의 모습을 더 신경 씁니다. 이로 인해 자아도취에 빠져 허세를 부리거나 열등감에 빠져 좌절을 느낍니다.

뇌의 변신에 대한 교사의 언어

Best! 건강한 감정으로 코칭하기	Worst! 정죄하기
넌 어떻게 생각해? (경청)	왜 아무것도 아닌 일을 복잡하게 생각해?
네가 많이 힘들었겠다. (공감)	넌 너무 충동적으로 행동하는 것 같아.
그래도 이렇게 생각해 보면 어떨까? (코칭)	넌 더 이상 어린아이가 아냐.

뇌(brain)가 변신 중입니다 청소년의 뇌는 자라고 있습니다. 뇌

의 성장과 함께 호르몬이 활발하게 분비됩니다. 호르몬 분비는 안정적으로 이뤄지지 않습니다. 도리어 불균형적인 분비로 인해 불안정한 상태가 이어집니다. 특히 뇌에서 억제하고 통제하는 사령탑의 역할보다는 쾌락을 주도하는 회로의 역할이 압도적으로 강력하게 작동합니다. 이 과잉 작동으로 인해 충동적이고 위험한 행동을 추구하는 모습을 보입니다.

청소년은 성인보다 지루함을 쉽게 느낍니다. 성인보다 위험한 행동을 덜 위험하다고 느낍니다.[1] 동시에 위험할 수 있는 경험과 환경이 청소년의 쾌락 회로를 심하게 자극합니다. 청소년이 각종 중독에 쉽게 노출되는 이유이기도 합니다.

청소년의 뇌가 리모델링되고 있습니다. 동시에 크기를 키우는 작업도 진행 중입니다. 청소년 자신에서는 모든 것이 낯설고 혼란스러운 과정입니다. 특히 청소년 시기에는 감정 조절을 관장하는 호르몬이 아동기나 성인기보다 40퍼센트 적게 생성됩니다.[2] 그 결과 청소년기에는 감정의 기복이 매우 심합니다. 마치 롤러코스터를 타는 것처럼 감정이 극도로 흥분했다가도 어느새 급격하게 고독에 빠집니다. 어떤 때는 순한 양 같다가도 갑자기 통제가 어려운 헐크로 바뀝니다. 방금 전까진 기분이 하늘을 날 것처럼 기뻤습니다. 누군가에게 칭찬을 들었기 때문입니다. 하지만 지금은 죽고 싶을 정도로 좌절에 빠집니다. 누군가에게 잔소리를 들었기 때문입니다. 이 두 감정이 서로 붙어 있다고 할 만큼 거리가 가깝고 폭이 깊습니다.

성의 변신에 대한 교사의 언어

Best! 이해하게 하기	Worst! 죄악시, 희화화
너의 성적 변화는 지극히 자연스러운 변화야.	너희 저녁에 방문 잠그고 뭐하니?
구별된 성적 거룩함으로 하나님께 예배하자.	성? 그거 아무것도 아냐.
너의 성은 하나님의 아름다운 선물이야.	하나님 믿는 청소년에게 성은 나쁜 거야.

성(sex)이 변신 중입니다　청소년기에는 뇌의 자극으로 인해서 신체 성장을 촉진하는 호르몬과 성호르몬이 생성됩니다.[3] 호르몬의 작용으로 급격하게 성적인 성숙이 이뤄집니다. 전반적으로 신체적, 성적 성숙의 연령이 낮아지고 있습니다. 과거에는 중고등학생들의 전유물처럼 여겨지던 2차 성징은 초등학생까지 내려갔습니다.

충분히 정서적으로 안정되기 전에 오는 급격한 성적 발달은 마치 맞지 않는 옷을 입고 있는 것처럼 자신을 낯설게 만듭니다. 자신의 생각과 변화보다 몸의 변화가 더 빨리 움직이며, 그 변화를 통제하기가 어려워지기 시작합니다.

청소년기의 사랑은 짧고 강렬하다는 특징을 지닙니다. 마치 셰익스피어의 《로미오와 줄리엣》에서 로미오와 줄리엣의 사랑을 닮았습니다(작품 중 두 사람의 나이도 청소년기라고 알려져 있습니다). 두 남녀처럼 서로에게 지나치게 몰두합니다. 영화의 주인공처럼 자신들만 특별하고 지고지순한 사랑(짝사랑)을 하고 있다고 느낍니다. 이별 앞에서는 비련의 주인공이 되어 세상에 종말이 온 듯한 절망을 경험합니다. 대체로 청소년의 사랑은 길지 않습니다. 보통 연애는 3-4개월 정도면 종지부를 찍습니다. 이들의 만남도, 관계 진전도, 이별도 급작스럽습니다.[4] SNS에서 만났다가 강렬하게 상상 속의 연애를 하고는 갑자기 SNS로 이별을 통보하기도 합니다. 어른들 눈에는 만나는 것도 헤어지는 것도 쉬워 보입니다.

청소년기는 성적으로 가장 왕성한 관심을 가지는 때입니다. 이런 성적 관심이 금기시되고 죄악시됩니다. 아이러니하게도 사회적으로는 성 문화가 무제한으로 열려 있습니다. 성 문화의 홍수 속에서 성적 호기심을 건강하게 이해시키기보다 통제에만 급급합니다. 청소년에게 성을 가르치는 유일한 교사는 바로 왜곡되고 자극적인 미디어입니다.

생각의 변신에 대한 교사의 언어

Best! 생각과 질문 격려하기	Worst! 부정하기
정직한 질문은 정직한 답변을 가져다줘.	네가 또 의심병이 도졌구나!
그렇게 생각할 수도 있겠구나.	너는 왜 매사에 부정적이니?
함께 하나님의 존재에 대해서 알아볼까?	감사한 줄 알아야지 입만 열면 불평이니?

생각(thinking)이 변신 중입니다 청소년기에는 인지의 발달로 추상적인 사고가 가능해집니다. 아동은 눈앞에 보이는 것만으로 판단하는 한편, 청소년은 그 내막에 감춰진 의미까지 파악합니다.

그 아이의 뜻밖의 말	그 아이의 속마음
왜 교회 다녀야 하는지 모르겠어요!	교회는 그저 동호회 아닌가요?
하나님이 정말 계시는 걸까요?	사람이 필요해서 지어낸 존재 아닌가요?
성경은 정말 하나님 말씀인가요?	사람의 말 아닌가요?
기독교는 너무 배타적인 것 같아요.	다른 종교에도 구원이 있는 것 아닌가요?
제가 기독교인건 부모님 종교 때문 아닌가요?	부모님이 불교 신자였다면 상황이 달랐겠죠.
헌금은 정말 하나님께 드려지는 것 맞아요?	결국 (특정) 사람들이 쓰는 것 아닌가요?
세상은 연약한 사람들에게 너무 가혹해요.	하나님이 세상을 사랑하시는 것이 맞나요?
기독교인들은 너무 가식적인 것 같아요.	기독교 교리에 문제가 있는 것 아닌가요?
하나님이 저를 만들었다는 증거 있나요?	진화론이 더 설득력이 있는 것 같아요.
성경을 꼭 읽어야 하나요?	도저히 무슨 말인지 하나도 모르겠어요.

예를 들어 아동은 '소 잃고 외양간 고친다'는 속담을 들을 때, 소를 잃고 외양간을 고치는 것만 생각하는 경향이 있습니다. 반면에 청소년은 '시험 기간 동안 넋 놓고 있다가 망해서 후회하지 말고, 미리 준비하자'라는 적용까지 사고를 이어 갑니다. 이렇게 청소년은 비판적 사고를 가지고 이전까지 당연하게 여기던 일도 따지고 보는 일이 잦아집니다.

청소년의 비판적인 사고는 이미 당연하다고 여겼던 관습이

나 가치에 집중적으로 발휘됩니다. 그중 하나가 교회와 성경에 대한 의심입니다. 교회 생활을 너무나 잘하고 있는 아이가 갑자기 뜻밖의 말을 합니다. 교회를 모범적으로 잘 출석했던 청소년만이 아니라 대부분의 청소년이 본격적으로 이런 의문을 품기 시작합니다. 내색을 안 할 뿐입니다.

사회의 변신에 대한 교사의 언어

Best! 칭찬하기	Worst! 판단하기
함께 다니는 친구들 뭔가 있어 보이는구나.	네 그 친구는 행실이 불량해 보이더라.
더 자고 싶었을 텐데 예배하려는 자세 멋져!	넌 왜 항상 예배에 늦거나 안 나오니?
쌤하고도 하나 되어서 뭔가를 해보자.	어깨 펴, 넌 왜 그렇게 힘없이 다니니?

사회(society)가 변신 중입니다 청소년기에 접어들면서 서서히 부모로부터 독립하고 또래 집단에 의존합니다. 어벤져스가 뭉쳐 다니고 해리포터가 헤르미온느와 론과 함께 다니는 것처럼 청소년들도 무리를 지어 다닙니다. 그들은 비슷한 가치관, 성향, 관심에 따라 또래 집단을 선택합니다. 또래 압력에 따라 암묵의 룰에 맞게 행동합니다. 삼삼오오 모이는 또래 집단에서 상호작용을 하며 작은 사회를 경험합니다. 이 관계 안에서 타인에 대한 공감을 키워 가고 존재감을 확인합니다. 이것이 지나치면 위험을 무릅쓰거나 허세를 부리기도 합니다. 이때는 또래 관계가 전

부라고 할 만큼 지대한 영향을 끼칩니다. 이 관계 안에서 균열이 생기면 감당하기 어려운 절망감을 겪습니다.

청소년 또래 집단에는 동조 현상이 있습니다. 상대방의 태도와 행동에 자신의 태도와 행동을 맞추는 것입니다. 영화 《써니》에서 **"우리 중 하나를 건드리는 건 우리 전체를 건드리는 거야"**라는 명대사가 동조 현상을 잘 표현해 줍니다. 교사가 또래 집단에 있는 한 아이를 부정적으로 말하면, 그 집단의 다른 아이가 자신까지 부정적으로 평가받았다고 받아들이기도 합니다. 성인이 타인과 달라지려 애쓴다면, 청소년은 같아지려 애씁니다. 옷을 맞춰 입는다거나 비슷한 외모로 가꿉니다. 청소년이 욕을 입에 달고 다니는 듯 보이는 것도 이 동조 현상과 관계있습니다.

지금 청소년은 디지털 네이티브 세대입니다. 디지털 기기에 둘러싸여 태어나 디지털 기기를 손에 잡고 성장한 세대입니다. 흥미를 유발하고 말초 신경을 자극하는 미디어의 홍수 속에 무분별하게 노출되어 있습니다. 거기다 청소년은 학교 이외의 사교육으로 심야까지 인공적인 빛에 노출되어 있습니다. 이로 인해 만성적인 수면 부족을 겪습니다. 가장 수면이 필요할 때에 수면이 부족한 아이러니입니다. 이 문제는 고스란히 청소년의 생리적인 변화에 영향을 미칩니다. 주중에 부족했던 수면은 주말에 몰아서 보충합니다. 토요일 오전, 오후 내내 잠에 취해 있다가 토요일 저녁 늦은 시간까지 깨어 있고, 주일 오전, 오후 내내 잠에 취해 있는 패턴이 반복됩니다. 주일 오전 청소년 예배에 결석하는 학생들 대부분은 수면 패턴에 문제가 있습니다.

청소년은 본격적으로 실패를 경험하는 시기입니다. 어렸을 때는 누구나 히어로를 동경하고 따라합니다. 어린아이들이 입는 티셔츠에는 지구를 지키는 영웅이 새겨져 있습니다. 그러나 청소년은 입지 않습니다. 유치하다고 여겨서이기도 하지만 더 이상 영웅과는 어울리지 않는다고 느끼기 때문입니다. 성적표에 적힌 숫자를 보면서 자신은 지구는 고사하고 동네도 지키기 어려울 것 같다는 좌절을 경험합니다. 더 나아가서 동네는커녕 집안도 지키기 어렵다는 생각을 합니다. 부모님의 기대를 만족시킬 수 있을까 고민하기 시작합니다. 청소년은 실패의 쓴맛을 맛보기 시작합니다.

청소년의 변신은 성별마다 다릅니다

변신하는 남학생과 함께하는 교사의 행동

Best! 활동하기	Worst! 비교하기
축구나 농구 같은 운동이나 등산이나 산책 같은 야외활동을 함께 하는 것도 좋습니다.	또래 아이들과의 신체적인 비교는 수치심을 줍니다. 장난이라도 하지 않는 것이 좋습니다.
성을 하나님의 관점에서 이해하도록 도울 수 있습니다. 이해하면 통제할 수 있습니다.	성 이야기를 너무 자주 하거나 자극적으로 풀어가지 않는 것이 좋습니다.

남자 청소년 ─ 걸리버 증후군 청소년기에는 몸이 성장하면서 체격 차이가 나기 시작합니다. 또래에 비해 신체 발달이 빠른 경우 남학생과 여학생의 자아상은 각각 다르게 나타납니다. 신체적

조숙이 여학생에게는 부정적인 자아상을 가져올 확률이 높은 반면, 남학생에게는 긍정적으로 작용할 확률이 높습니다.

또래에 비해 신체가 크게 발달한 남학생은 대체로 운동이나 활동에서 두각을 나타냅니다. 그래서 대체로 또래 집단에서 자신감과 활동성이 높습니다. 이 자아상은 보통 성인까지 이어집니다. 반면에 신체 발달이 늦거나 작은 남학생은 심한 열등감에 빠집니다. 마치 조나단 스위프트의 《걸리버 여행기》에 나오는 걸리버처럼 자신을 거대하다고 느끼다가도 왜소하다고 느끼고, 괴물같이 끔찍하다고 느끼다가도 한없이 나약하다[5]고 느낍니다. 남학생들은 이런 걸리버 증후군을 겪고 있습니다.

남학생들은 청소년기 동안 왕성한 성호르몬이 분비됩니다. 남자 청소년에게는 혈중 남성 호르몬 농도가 청소년기 이전에 비해 50배나 더 높아집니다.[6] 남성 호르몬이 대폭발하는 시기라고 할 수 있습니다.

변신하는 여학생과 함께하는 교사의 행동

Best! 대화하기	Worst! 지적하기
대화나 잡담을 통해서 자신의 외모에 대해 객관적으로 생각해 보도록 유도하는 것이 중요합니다.	'왜 화장을 하냐'고 하거나 '화장이 이상하다'거나 '너무 진하다'고 지적하면, 더 심하게 위축됩니다.
여성 교사인 경우에는 본인의 사춘기 경험담을 나누며 지극히 정상적인 변화임을 나누는 것도 도움이 될 수 있습니다.	또래가 있는 자리에서 외모를 가지고 누군가와 비교하거나 칭찬하는 것을 조심해야 합니다.

여자 청소년 ― 이상한 나라의 앨리스 증후군 청소년은 자신의 신체

와 용모에 큰 관심을 가집니다. 이 시기에는 대체로 자신의 외모를 마음에 들어 하지 않는 경향이 있습니다. 외모 지상주의가 저변에 깔려 있는 한국 상황에서는 더 두드러지게 나타납니다. 특히 대부분의 여학생은 자신의 외모와 체중에 대해서 부정적으로 평가합니다.

마치 루이스 캐럴의 《이상한 나라의 앨리스》에 등장하는 앨리스를 닮았습니다. 몸의 변화를 보고 스스로를 바보 같다고 느끼고, 황당하고 이상한 세계에서 깊은 외로움을 느낍니다.[7] 자신에게 지나치게 몰두한 나머지 자신을 향한 주변의 작은 소리에도 민감해집니다. 이때 자신을 가리거나 자신감을 갖추기 위해서 선택하는 것이 화장입니다. 다음의 한 청소년이 직접 쓴 시[8]의 일부를 통해 조금은 엿볼 수 있습니다.

혈색을 잃어 가고 창백해질 때
낯빛이 어둡고 몰골이 말이 아닐 때

약보다는 틴트.

또래에 비해 빠른 신체적, 성적 조숙이 남학생에게 긍정적인 자아상을 주는 것과 달리 여학생에게는 부정적으로 작용합니다. 많은 경우 위축감을 안겨 주고 자신감을 떨어뜨립니다.

{ 내가 맡은 학년,
이렇게 해보실래요? }

청소년, 학년이 다른 만큼 전략도 다릅니다

교사가 반이나 소그룹을 맡을 때는 주로 학년별로 구분합니다. 조금 더 원활한 섬김을 위해 학년별 특징을 알면 좋습니다. 학년이 다른 만큼 전략도 다르기 때문입니다. 물론 모든 학년을 도식화하기에는 무리가 있지만 섬김의 방향을 잡는 데 도움이 됩니다.

학년	캐릭터	관심사	필요한 것	반응 포인트	+	-
중1	스파이더맨	또래 친구	정체성	동성 친구	친밀함	어색함

중1(14세) ─ 스파이더맨 "나는 누구일까요?" 중학교 1학년생은 스파이더맨과 비슷합니다. 스파이더맨처럼 본격적으로 자신의 정체성에 대해 고민합니다. 정체성의 혼란이라는 터널 속에 진입해서 희미하게 느껴지는 자기 존재를 찾아가기 시작합니다. 이때 아이들에게 필수로 성경적인 자기 정체성을 가르쳐야 합니다. 하나님의 택함을 받았고, 왕 같은 제사장이며, 거룩한 나라

이며, 그분의 소유된 백성임(벧전 2:9)을 전수해야 합니다.

중학교 1학년생은 또래 친구, 특히 동성 친구에 관심이 많습니다. 동성 친구를 통해 본격적으로 또래 집단을 형성하기 때문입니다. 이 아이들을 움직이는 주된 동기는 동성 친구입니다. 교회에 동성 친구가 많으면 정착할 확률이 높아집니다. 그래서 소그룹 멤버를 동성으로 구성하는 것이 정착에 도움이 됩니다. 아이들과는 운동이나 대화를 통해 친밀함을 더하고, 약간 오버해서라도 환대하여 어색함을 덜어 내야 합니다.

학년	캐릭터	관심사	필요한 것	반응 포인트	+	-
중2	지킬앤하이드	변덕스러운 나	세계관	재미	시간	판단

중2(15세) — 지킬앤하이드 "나는 다양합니다" 중학교 2학년생은 지킬앤하이드와 비슷합니다. 지킬앤하이드처럼 상반되거나 복잡한 모습이 자주 드러납니다. 김두식 교수는 사춘기를 말하면서 '지랄 총량의 법칙'이라는 말을 사용했습니다.[9] 사람마다 일생 쓰고 죽어야 하는 지랄의 총량이 있는데 어떤 사람은 그 정해진 양을 사춘기에 다 써버린다는 겁니다. 청소년기 중에서도 중학교 2학년은 J2B, 즉 중2병이라고 불립니다. 김두식 교수의 표현에 따르면 가장 지랄을 많이 쓰는 시기이기도 합니다. 이때는 성경적 세계관에 대해서 가르쳐야 합니다. 단순히 자신을 아는 것을 넘어서 하나님은 이 세상을 어떻게 창조하셨고 통치하시는지에 대한 큰 그림을 알려 줘야 합니다.

중학교 2학년은 자기 자신의 외모와 감정에 지나치게 몰두하는 시기입니다. 그래서 고독에 쉽게 빠지기도 합니다. 아이들을 움직이는 주된 동기는 재미입니다. 어른들이 볼 때는 아무리 좋은 것이라도 본인한테 재미가 없으면 잘 움직이지 않습니다. 이 아이들을 위해서는 재미있는 시간을 자주 가질 필요가 있습니다. 재밌게 보내는 시간이 많을수록 아이들의 신뢰를 얻을 수 있습니다. 반면에 그들의 변덕스럽고 감정적으로 보이는 모습을 부정적으로 판단하지 말아야 합니다.

학년	캐릭터	관심사	필요한 것	반응 포인트	+	-
중3	아이언맨	남이 본 나, 이성 친구	가치관 (분별력)	의리	활동	방임

중3(16세) — 아이언맨 "나는 주인공입니다" 중학교 3학년생은 아이언맨과 비슷합니다. 아이언맨처럼 주인공 신드롬에 빠지기 쉽습니다. 자기를 중심으로 세상과 주위의 관계를 바라봅니다. 그래서 다른 사람의 시선을 가장 많이 의식하는 때이기도 합니다. 이 시기 아이들에게는 기독교 가치관을 가르쳐야 합니다. 세상의 기준이 아닌 하나님의 기준으로 세상을 보는 눈을 길러 줘야 합니다. 어떤 삶이 바람직하고 그렇지 않은지, 어떤 것이 선하고 악한 것인지 성경적 가치관을 정확하게 가르쳐야 합니다.

중학교 3학년은 본격적으로 이성 친구에게 관심을 가지는 시기입니다. 교회 내에서 이성과 '썸'(사귀기 전 단계)을 가장 많이 타는 시기이기도 합니다. 이런 관심과 감정을 건강하게 풀어 내도록 다양한 활동과 공동 프로젝트를 진행하면 도움이 됩니다.

이 아이들을 움직이는 동기는 의리입니다. 아이들과 의리가 있는 교사는 아이들을 수월하게 움직일 수 있습니다. 이 아이들과는 활동을 더하고 방임을 조심해야 합니다. 중학교 3학년 아이들은 본인이 1-2학년보다 훨씬 성숙하다는 것을 어필하기 때문에 이 허세에 깜빡 속아 방임하는 자세로 대하기 쉽습니다.

중등부 교사, 이렇게 해보실래요?

Welcome — 아이들을 두 팔 벌려 맞아 주세요 이 말은 문자 그대로 격하게 환영해 준다는 뜻입니다. 상대방이 부담스럽지 않은 선에서 반갑게 이름을 불러 주고, (동성끼리는) 안아 주고, 리액션해 주세요. 물론 교사분들의 성격이 활달할 수 있고, 그렇지 않을 수 있습니다. 하지만 한창 사춘기로 위축되고 감정이 복잡할 시기에 누군가에게 환대받는 경험은 좋은 인상으로 남습니다. 자신의 마음을 여는 기회가 되기도 합니다. 반대의 경험은 깊은 상처로 남거나 마음 문을 굳게 닫는 계기가 됩니다.

Community — 한 사람보다 두 사람을 만나 주세요 중학생이 교회에 정착하는 비율은 또래 관계에 비례합니다. 교회는 공동체이기 때문입니다. 또래 관계가 친밀할수록 교회에 대한 친밀도도 높아집니다. 아이들을 심방하거나 양육할 때는 개인보다 그룹이 낫습니다. 가능하다면 전략적으로 서로 어색한 친구들이 함께 만나서 시간을 보내게 해주세요. 공동체에 호의적인 학생이나 적극적인 리더들과 소극적인 아이들을 엮어 주어도 좋습니다. 교회는 공동체임을 잘 전달해 주세요.

학년	가르칠 것	추천 도서
중1	정체성	**닐 앤더슨, 《내가 누구인지 이제 알았습니다》** 진정한 영적 성장은 '자신이 누구인지 아는 것'에서 시작한다는 것을 알려 줍니다. 기독교 상담 심리 도서로, 복잡다단한 감정을 지닌 청소년을 가르치는 데 유용합니다.
중2	세계관	**최용준, 《성경적 세계관 강의》** 성경적 세계관의 키워드라고 할 수 있는 '창조, 타락, 구속, 완성'의 내용을 여러 사례와 함께 실제적으로 설명하는 책입니다.
중3	가치관	**오대식, 《너를 응원해》** 청소년이 마주하는 고민과 아픔을 성경적 가치관으로 정리해 주는 책입니다. 삶의 주제를 하나님의 가치관으로 정립하도록 쉽고 힘 있는 메시지를 전해 줍니다.

Activity ─ 추억을 많이 만들어 주세요　중학생은 신체와 감정의 변화가 가장 활발할 때이고 외부의 자극에 쉽게 노출됩니다. 이때 건강한 자극은 주로 외부 활동에서 오고, 건강하지 않은 자극은 주로 밀폐된 공간에서 생깁니다. 중학생을 섬기고 있다면 야외로 나가서 활동을 많이 하는 것이 좋습니다. 함께 등산이나 자전거, 축구, 농구와 같은 운동이나 전시회, 박물관, 소풍과 같은 활동을 함께 하는 것이 좋은 자극을 전해 줍니다. 이 모든 활동들이 아이들에게는 추억이 되어 공동체를 더 친밀하게 느끼는 기회가 됩니다.

고등학생 학년별 특징

학년	캐릭터	관심사	필요한 것	반응 포인트	+	-
고1	어린왕자	입시	소명	의미	재정	실망

고1 — 어린왕자 "삶의 의미가 뭘까요?" 고등학교 1학년생은 어린 왕자와 비슷합니다. 어린왕자처럼 삶의 의미를 추구합니다. 자기가 어디에서 왔고 어디로 갈지 굵직한 인생의 의미를 묻고, 더불어 왜 지금 학교를 가고 공부를 하는지 자기에게 주어진 생활의 의미를 묻습니다. 이 시기의 아이들에게는 소명을 가르쳐야 합니다. 소명은 부르심입니다. 자신이 왜 살아야 하고 왜 공부를 해야 하는지 해답을 얻게 해줍니다.

고등학교 1학년은 본격적으로 입시에 관심을 가지는 시기입니다. 중학생 때는 입시라는 존재를 알아도 피부에 크게 와닿지 않았다면, 고등학교 1학년 때는 온몸으로 느끼기 시작합니다. 비단 대학 입시만이 아니라 취업을 위한 자격증 시험도 마찬가지입니다. 학교에서 선배들의 모습을 보며 미리 고민하고 걱정하기 시작합니다. 말로만 듣던 무지막지한 악당을 먼발치에서 처음 본 충격일 겁니다.

이 아이들을 움직이는 주된 동기는 의미입니다. 어른들이 볼 때는 아무리 옳은 일이라도 본인에게 의미가 없다면 잘 움직이지 않습니다. 아이들을 위해서 지갑을 자주 열어야 합니다. 몸과 마음이 가장 위축되어 있을 때이기 때문입니다. 동시에 중학교 3학년 때와는 다르게 소극적이고 몸을 사리는 모습을 보이더라도 실망하지 말아야 합니다.

학년	캐릭터	관심사	필요한 것	반응 포인트	+	-
고2	잔다르크	자유	절대적 진리	인정	책임	권위

고2 — 잔다르크 "이건 아니잖아요" 고등학교 2학년생은 잔다르크와 비슷합니다. 잔다르크처럼 열정적인 투사가 됩니다. 고등학교 1학년 때는 새로운 환경에 적응하다가 2학년에 올라와서는 학교와 교회에 어느 정도 적응한 나머지 여러 허점들을 보기 시작합니다. 그래서 이들이 자주 사용하는 말이 "이건 아니잖아요"입니다. 이 시기의 아이들에게는 절대적인 진리를 가르쳐야 합니다. 가치 판단의 기준을 절대적인 진리에 두게 하지 않으면 우월감이나 깊은 회의감에 빠질 수 있습니다.

고등학교 2학년생은 자유에 관심이 많습니다. 1학년 때 적응하느라 힘들었던 마음과 3학년 때 입시로 힘들 것이라는 마음이 합쳐져 자유에 대한 갈망이 생깁니다. 이 자유는 자신을 속박하는 듯한 전통과 권위를 부정적으로 인식하게 만들기도 합니다.

이 아이들을 움직이는 동기는 인정입니다. 독립적이고 주체적인 인격으로 인정해 줄 때 움직입니다. 이 아이들을 위해서는 책임감을 더해 줍니다. 자유에는 책임이 따른다는 것을 지속적으로 심어 줘야 합니다. 동시에 권위로 통제하거나 간섭하는 것을 주의해야 합니다.

학년	캐릭터	관심사	필요한 것	반응 포인트	+	-
고3	라푼젤	미래	사명	관심	연락	불안

고3 — 라푼젤 "힘들지만 어쩌겠어요" 고등학교 3학년생은 라푼젤과 비슷합니다. 자유를 갈망하지만 자의적으로나 타의적으로 갇혀 지내야 하기 때문입니다. 우리나라에서 고등학교 3학년은 특별한 지위를 지닙니다. '건드리지 못한다'는 지위입니다. 그만큼 이들에게 주어진 과제가 크다는 것을 인정하기 때문입니다. 이 시기의 아이들에게는 자신의 사명을 가르쳐야 합니다. 소명이 부르심이라면, 사명은 보내심입니다. 사명은 앞으로 자신에게 주어질 자리에서 무엇을 해야 하는지 해답을 얻게 해줍니다.

고등학교 3학년생은 미래에 관심이 많습니다. 입시를 거쳐 들어갈 대학이나 직장, 앞으로 무엇을 하면서 살아야 할지 생각이 많을 때입니다. 이 시기에는 어른들이 말하는 사회와 경제의 불안정성이 예사로 들리지 않습니다.

이 아이들을 움직이는 동기는 관심입니다. 등잔 밑이 어둡다는 말처럼, 사람들은 좀처럼 아이들의 마음과 고민에 관심이 많지 않습니다(갈 만한 학교와 전공, 성적에 관심이 더 많습니다). 그래서 아이들은 고독합니다. 이 아이들을 위해서는 관심의 표시로 연락을 더 자주 해야 합니다. 동시에 아이들의 미래에 대해 불안함을 표현하지 않도록 합니다.

고등부 교사, 이렇게 해보실래요?

Study — 함께 알아가 주세요 고등학생 때는 현실적인 생각이 왕성해집니다. 단순히 입시와 취업에 관심이 많다기보다는 잡념이 많습니다. 자신이 미래에 어떤 모습일지, 성인이 되면 언제 결혼하게 될지(대상은 어떤 사람이 될지)에 대해 생각을 많이 하게 됩니다. 신앙에 대해서도 '신앙은 무엇이다'라는 지식적 차원을 넘어서 '신앙은 이렇게 산다'라는 현실적 차원을 고민하기 시작합니다. 그래서 단순히 지식을 전달받는 데만 그치지 않고 그 지식을 스스로에게 적용하기를 원합니다. 교사 입장에서 고등학생에게 필수적인 내용을 가르치는 것도 좋지만 고등학생이 관심 있는 주제를 함께 공부하는 것도 중요합니다. 보통 관심사는 크게 신앙 주제(하나님 존재, 믿음, 회심)와 삶의 주제(장래희망, 인간관계, 학업)입니다. 여러 주제별로 교사와 학생들이 모여 시즌제로 공부할 수 있습니다. 이때 지식 전달보다는 성경적으로 삶을 해석하고 하나님의 뜻을 스스로 적용하는 데까지 나아가야 합니다.

Festival – 즐거움을 나누는 자리를 마련해 주세요 고등학생 때는 단순히 논다기보다는 뭔가를 기념하거나 함께 축하해 주는 자리를 자주 마련하면 좋습니다. 예를 들어 소그룹 중 한 사람의 생일이나 세례와 같이 의미 있는 일이 있을 때 모두의 축제 시간으로 기획하는 것입니다. 아이들 양육이나 훈련, 또는 가르침 사이에 축제의 요소들을 잘 배분할 필요가 있습니다.

Meeting — 다리를 놓아 주세요 누군가와의 만남으로 가장 많은 자극을 얻을 수 있는 시기입니다. 좋은 만남은 생각의 지평을 넓

TIP ✦✦ 고등부 교사를 위한 추천 도서

학년	가르칠 것	추천 도서
고1	소명	**도현명·심센터, 《소심 청년, 소명을 만나다》** 청년과 청소년을 대상으로 소명에 대해 알기 쉽게 쓴 책입니다. 소명과 사명의 차이, 각각의 의미를 잘 설명해 줍니다.
고2	절대적 진리	**웨인 그루뎀, 《꼭 알아야 할 기독교 핵심 진리 20》** 기독교 신앙의 뼈대가 되는 핵심을 20개로 추려 간단하고 명쾌하게 설명해 주는 책입니다.
고3	사명	**존 스토트, 《온전한 그리스도인》** 혼란한 세상 속에서 살아가는 그리스도인이 사명의 삶을 살아가는 핵심 원리를 다루고 있습니다. 이를 요약하여 나누면 사명을 가르치는 데 유용합니다.

혀 주고 삶의 가치를 더 풍성하게 해줍니다. 더 중요한 만남은 그리스도의 흔적을 지닌 사람과의 만남입니다. 이 만남은 그리스도께서 단순히 이론적으로만 계시는 분이 아니라 실제적으로 임재하시는 분임을 보여 줍니다. 성경을 삶으로 살아 내려고 몸부림치는 사람과의 만남, 건강한 성경적 세계관으로 살아가는 사람과의 만남, 자신의 직업 속에서 하나님의 사명을 이루며 살아가는 사람과의 만남을 주선해 주는 것이 필요합니다. 꼭 주위 사람만이 아니라 책이나 신앙의 위인을 소개해 줄 수도 있습니다. 무엇보다 교사가 그 만남의 대상이 되어 주어야 합니다.

청소년 사랑하기,
어렵지 않습니다

알게 되면 사랑하고, 사랑하면 알게 됩니다

파커 팔머는 《가르침과 배움의 영성》에서 "아는 것은 사랑하는 것"이라고 말합니다. 누군가를 아는 것과 사랑하는 것은 분리되지 않습니다. 하나로 연결되어 있습니다. 청소년 사역을 시작한 지 얼마 되지 않았을 때 아이들에게 "사랑하는 애들아"라는 말을 습관적으로 했습니다. 얼마 지나고 "저에 대해 뭘 아셔서 사랑한다고 말하세요?"라고 되묻는 아이들이 생겨났습니다. 아이들에게 사랑하는 것과 아는 것은 서로 다르지 않기 때문입니다. 청소년을 사랑하려 할 때 더 알게 되고, 알려고 노력할 때 더 사랑하게 됩니다. 사랑할 수 없을 것 같은 아이도, 이해할 수 없을 것 같은 아이도 사랑하게 되고 이해하게 됩니다.

미즈타니 오사무라는 교사가 있습니다. 친구인 한 야간 고등학교 교사로부터 '썩은 불량 학생들에게 좋은 교육 같은 건 필요 없다'는 말을 듣고 분개하여 인문계 고등학교에서 야간 고등학교로 전근을 간 일본의 고등학교 교사입니다. 이 분은 '밤의 선생'이라 불립니다. 매일 퇴근 후면 밤거리를 다니면서 방황하는 청소년을 만나고 돌보는 일을 하기 때문입니다. 그래서 이 교사의 이야기가 국내에 《애들아 너희가 나쁜 게 아니야》(에이지21, 2017)라는 책으로도 소개되었습니다. 한 번은 폭력 조직에서 나오고 싶어 하는 아이를 구하려고 조직 사무소로 찾아갔습니다. 우두머리는 그 아이를 놓아주는 교환의 조건으로 교사인 미즈타니의 손가락 하나를 요구했다고 합니다. 그래서 군말 없이 자신의 손가락을 내어 주고 아이를 데리고 나왔다고 합니다. 이렇게 그는 12년간 5,000명의 학생들을 만났습니다.

이 교사의 이야기는 일반적이지 않지만, 분명한 메시지를 품고 있습니다. 알면 사랑하게 되고, 사랑하면 더 알게 된다는 것입니다. 일반 사람들이 대하기 꺼려하는 소위 불량 청소년도, 강한 척 허세를 부리는 거리의 청소년도 그 내면을 알고 보니 연약하고 사랑에 굶주린 아이들이었습니다. 그래서 사랑할 수 있게 된 이야기입니다.

비범한 아이들도 알고 보면 똑같습니다

저도 '비범한 아이들'을 만날 기회가 많았습니다. 오랜 시간 동안 교회를 다니지 않는 학생들을 대상으로 일일 카페를 매주 열어 컵라면과 음료를 먹이면서 복음을 전했습니다. 교회를 다니는 아이들 중에는 그 자리에 오기를 꺼리는 아이도 있었습니다. 학교에서 나름 잘나간다는 무리의 아지트가 되었기 때문입니다. 어떤 아이는 일일 카페 홍보를 듣고 찾아왔다가 안에 있는 무리를 보고 기겁하여 도망가기도 했습니다. 그 아이들과 함께 있다 보면 영화 같은 장면이 펼쳐지기도 합니다. 한 무리가 앉아 있으면 왜소해 보이는 아이들이 가서 깍듯하게 허리 숙여 인사하고, 그 무리는 이것저것을 지시합니다. 무리 중에는 저보다 덩치가 두 배 정도 커 보이는 아이도 있었습니다. 저에게도 조금 부담스러운 아이들이었지만 최고의 약은 알아 가는 것이었습니다. 매주 함께 시간을 보내면서 아이들을 한 사람씩 알아 가게 되었습니다. 더 이상 부담스럽거나 위협적인 존재가 아니라 사랑스러운 아이들로 보였습니다. 그 아이들도 저를 좋아해 줬습니다. 감사하게도 주일날 교회에 행차해 주기도 했습니다.

그즈음 한번은 어떤 아이가 학교에서 폭력 사건을 일으켜 심각한 징계를 받게 되었습니다. 당시 그 사건을 접한 많은 이들이 그 아이를 비난하기 바빴습니다. 그 아이의 친구가 제게 상담을 부탁했습니다. 그래서 그 아이를 만나게 되었습니다. 사실 무척 부담이 되었습니다. 살짝 무섭기도 했습니다. 공격성이 높고 경계가 없는 아이였기 때문입니다. 하지만 선입견과 편견을 내려놓고 아주 단순하게 그 친구를 알아 가보자는 마음으로 들어 주었습니다. 그 아이 말의 요지는 자신의 잘못을 온전히 인정하지만 억울한 것도 있다는 것이었습니다. 자기가 한 일이 부풀려지고, 왜곡되었는데도 사람들은 알려고 하지 않는다고 했습니다. 자신을 불량한 아이라고 단정하고는 자신의 말을 들으려 하지 않는 것 같아 속이 상한다고 했습니다.

열린 마음으로 이 아이의 이야기를 계속 듣고 보니 공감이 갔습니다. 그리고 저도 모르는 사이에 제 눈에서 눈물이 흐르고 있었습니다. 그때 제가 진심으로 말했습니다. "○○아, 정말 미안하다. 나도 너를 그렇게 생각했어. 진심으로 사과할게." 그리고 한 마디를 덧붙였습니다. "너도 많이 힘들었겠구나……."

놀랍게도 그날 이후로 이 아이는 바뀌었습니다. 교회를 열심히 출석했고, 누구보다 성경을 열심히 공부했습니다. 주위 사람들이 모두 놀랄 정도였습니다. 이 아이의 변화에는 저의 말도 영향을 주었을 것입니다. 그때 어떤 분이 제게 이렇게 물었습니다. "그 아이를 변화시킨 영업 비밀이 무엇입니까?" 저는 "그냥 진심으로 알려고 했습니다. 그리고 공감했을 뿐입니다"라고 답했지만 '괜히 겸손 떤다'는 핀잔만 돌아왔습니다. 사실 그것밖에 없었습니다. 선입견과 편견 없이 알려고 하면 사랑할 수 있습니다. 어떤 청소년이든 마찬가지입니다.

청소년을 알아 가기 전에 어른 세대와 청소년 세대의 차이[10]를 미리 인지하는 것도 도움이 됩니다. 서로 다르다는 것을 인정할 때 청소년을 더 객관적으로 파악할 수 있습니다.

TIP ✦ 어른 세대와 청소년 세대의 차이

주제	어른 세대	청소년 세대
옷	실용성, 보존성	유행, 멋
음식	밥, 찌개, 양	치킨, 피자, 맛
고기	있으면 먹고	없으면 안 먹고
공부	죽으나 사나	적성에 맞는 아이들만
효	일생일대의 가장 중요한 도리	각자의 인생을 살 뿐
힘든 일	내가 나서서	부모의 몫
주요 걱정	먹고사는 것	재미없을까 봐
핸드폰	전화, 메시지, 시계	생명줄
돈	저축하고 모으고	쓰고 또 쓰고
잠	줄이고 최대한 일	졸리면 자고 볼 일
게으름	악 중의 악	창조의 원천
인내심	성공하기 위한 필수 덕목	그게 뭔지 모름
인기 드라마	못 보면 할 수 없고	본방 사수
순서	장유유서	배고픈 순서대로

{ 아이들은
이럴 때 사랑을 느낍니다 }

교사가 아이들을 사랑한다는 것은 그 자체로 너무나 고귀한 일입니다. 그러나 사랑에도 왕도가 있습니다. 바로 아이들에게 사랑하는 마음이 전달되는 길입니다. 교사는 마음을 다해 사랑하지만 정작 당사자인 아이들이 사랑을 느끼지 못한다면 안타까운 일이 아닐 수 없습니다. 청소년이 사랑을 느끼는 일종의 코드가 있습니다. 바로 감동입니다. 청소년은 감동적인 일이 있을 때 사랑받는다고 느낍니다. 박노해 시인은 젊은 세대의 마음을 다음과 같이 대변합니다.[11]

말로 설명해 봐, 잊어버릴 테니
눈앞에 보여 줘봐, 기억할지도 몰라
날 감동시켜 봐, 이해하게 될 거야

이처럼 아이들은 감동이 있을 때 사랑을 이해하고 느끼게 됩니다. 청소년이 사랑을 느낄 수 있는 감동 코드를 다섯 가지로 알아볼 수 있습니다. **관심, 약속, 믿음, 낭비, 포기하지 않음**입니다.

선생님에게 저는 관심받고 있습니다

청소년은 자신이 관심받고 있다고 느낄 때 사랑을 느낍니다. 청소년은 관심받고 싶어 합니다. 안타깝게도 많은 청소년이 자신이 관심받지 못한다고 느낍니다. 있는 그대로의 모습보다는 평가나 의무에 내몰려 있다고 여깁니다. 한 예로 청소년이 가장 많이 듣는 말 중에 하나가 "했어?"라는 말입니다. "시험 공부했어?", "학교(학원) 숙제 했어?", "큐티했어?", "기도했어?"입니다. 이 말 안에는 한 인격 자체보다는 의무에 더 관심을 보이는 현실이 담겨 있습니다. 청소년은 관심에 굶주릴 수밖에 없습니다.

아이들 자체에 관심을 둬야 합니다. 그것으로 사랑을 느끼기 때문입니다. 아이들에게 관심을 두기 위해서 기본적으로 파악해야 하는 정보는 다음과 같습니다.

이름은 무엇인가? 아이들이 많은 경우, 이름을 외우지 못하거나 헷갈릴 수 있습니다. 이름 외우기는 관심을 가지는 첫 번째 디딤돌입니다. 이름을 알았다면 그 이름에 담긴 뜻도 함께 아는 것이 좋습니다.

학교(학원)는 어디인가? 아이들은 크게 학교와 교회라는 현장을 살고 있습니다. 학교에 대해서 안다는 것은 그 아이에게 관심을 두는 두 번째 디딤돌입니다. 고등학생이라면 지망하는 전공도 알면 좋습니다.

생일은 언제인가 한 아이의 생일을 파악해서 축하 인사(카드, 편지)와 선물을 주는 것은 그 아이에게 관심을 두는 세 번째 디딤돌입니다.

가정 상황은 어떤가? 부모님과 형제자매가 누구인지 아는 것은 아이에게 관심을 두는 네 번째 디딤돌입니다. 가족들과 특별한 교제를 나누지 않더라도 부모님과 형제자매를 아는 것만으로 친밀함을 느낄 수 있습니다.

좋아하는 것은 무엇인가? 아이가 좋아하는 캐릭터나 연예인, 동물, 색상, 장르, 스타일, 취미를 아는 것은 아이에게 관심을 가지는 다섯 번째 디딤돌입니다. 대화의 소재가 더 풍성해질 수 있습니다. 심방이나 선물할 때도 유용하게 활용됩니다.

싫어하는 것은 무엇인가? 아이가 싫어하는 캐릭터나 경험, 트라우마, 유형, 장르, 색상, 스타일, 알레르기를 아는 것은 아이에게 마음을 두는 여섯 번째 디딤돌입니다. 아이가 싫어하는 것을 알고 있으면 특정 상황에서 세심하게 배려할 수 있습니다.

기도제목은 무엇인가? 아이가 가진 기도제목을 아는 것은 아이에게 관심을 두는 일곱 번째 디딤돌입니다. 매년 초 각 소그룹에서 기도제목을 받아, 매달 혹은 분기별로 기도제목을 받으면 좋습니다.

선생님은 저와 하신 약속은 꼭 지키십니다

청소년은 약속에 예민합니다. 어른들 사이에서 '우리 밥 한 번 먹자'라는 말은 인사치레로 할 수 있지만 청소년은 다릅니다. 선생님과 함께 밥 먹을 날을 기다리고 있는 아이들이 많습니다.

교사를 할 때 일입니다. 연초에 신입생들이 올라왔습니다. 제가 맡은 소그룹 아이들을 보니 많이들 긴장한 분위기였습니다. 분위기를 띄우기 위해서 한 마디를 날렸습니다. "너희들 다 음주에 오면 내가 짜장면 사줄게." 생각만큼 분위기는 나아지지 않았지만 옅은 미소를 보내는 몇 아이들을 보고 스스로 만족하며 지나갔습니다.

일주일이 흘러 약속한 주일이 되었습니다. 그날 아침, 지난 주일에 했던 짜장면 약속이 생각나서 지갑을 찾았지만 하필이면 그날 깜빡하고 집에 두고 온 것을 깨달았습니다. 그래서 소그룹 시간이 되면 대충 지갑을 안 가져온 핑계를 대면서 유야무야 지나가려고 마음먹었습니다. 예배를 드리기 직전에 옆에 앉은 아이가 한 쪽지를 내밀었습니다. 펴보니 다음과 같이 쓰여 있었습니다. "선생님, 저희에게 짜장면 사주신다고 하셔서 감사합니다." 순간 제 눈에는 '사주신다고 하셔서'라는 글자가 3D 입체처럼 두드러져 보였습니다. 도저히 그 글을 보고 그냥 넘어갈 수 없었습니다. 주위에 있는 선생님에게 카드를 빌렸습니다.

예배를 마치고 소그룹 시간에 아이들을 데리고 중화요리 식당으로 향했습니다. 동네 지역교회였기 때문에 가는 길 동안 아이들은 동네 친구들을 만날 수밖에 없었습니다. 식당을 가는 동안 우리 대열에는 낯선 동네 아이들이 하나둘씩 붙기 시작했습니다. 알고 보니 우리 소그룹 아이들이 함께 가자고 영업을 하고 있었습니다. 나중에는 마치 눈덩이가 불어난 것처럼 부흥한 상태로 식당에 입성했습니다. 작지 않은 식당이 우리 집단으로 가득 찰 정도였습니다. 그 순간 군중 심리에 취해서인지 큰 실수를 해버렸습니다. 제가 테이블별로 탕수육도 주문해 버린 것입니다. 그때까지만 해도 약간 들뜬 분위기였던 아이들이 탕수육 주문 소리를 듣자 박수를 쳤습니다. 그 순간 우쭐해진 제 마음은 계산서에 적힌 금액을 보면서 금방 바람이 빠져 버렸습니다.

얼마 지나지 않아 제 생일이 다가오고 있었습니다. 주일이 생일이었습니다. 한 주 전 소그룹 아이들에게 말했습니다. 그때 허세 가득한 한 아이가 으스대며 말했습니다. "제가 다음주 생신 선물 챙겨드릴게요." 생일 당일이 되었습니다. 생일 선물을 주겠다는 아이의 눈빛을 엿보니 챙겨 오지 않은 것이 분명해 보였습니다(제 생일인 것도 깜빡 잊은 것처럼 보였습니다). 소그룹으로 모였을 때 그 친구의 얼굴을 보며 진심으로 말했습니다. "○○아, 지난주에 오늘 내 생일 선물 준다고 해서 너무 고마워. 덕분에 오늘을 얼마나 기다렸는지 몰라." 이 말을 들은 그 아이는 갑자기 얼굴이 잿빛으로 바뀌었습니다. 한동안 입을 떼지 못하더니 잠시 나갔다 오겠다는 말만 남기고 밖으로 나갔습니다. 소그룹 시간이 끝날 즈음에야 어수룩하게 들어오더니 작은 열쇠고리 하나를 건넸습니다. 누가 봐도 급하게 구해 온 것처럼 보였습니다. 그리고 말했습니다. "쌤, 생신 진심으로 축하드려요." 그 아이에게도 '선물 준다고 해서'라는 말이 크게 들렸던 모양입니다.

시간이 꽤나 지났지만 아이들은 지금까지도 그때의 일들을 회자하고 있습니다. 저는 그 일로 두 가지를 결심했습니다. "말을 조심하자. 그리고 말을 내뱉었으면 무조건 지키자." 시간이 많이 지나고 교역자로서 리더 학생들을 훈련할 때였습니다. 그 시간 중에 서로를 칭찬하는 시간이 있었습니다. 저를 칭찬하는 순서에 리더 학생들에게 가장 많이 들었던 말이 있습니다. "정석원 목사님의 설교는 무조건 귀를 기울이게 됩니다. 왜냐하면 목사님은 자신이 내뱉은 말을 지키려고 애쓰시는 분이기 때문입니다."

청소년에게 약속을 지킨다는 것은 진심을 전하는 통로입니다. 아무리 친화력이 높고 달변인 교사여도 약속을 지키지 않는 횟수가 누적된다면 진심은 전달되지 않습니다. 아이들이 믿지 않기 때문입니다. 청소년은 듣는 것을 믿기도 하지만, 믿는 것을 듣습니다. 상대를 믿으면 그 사람의 말을 듣게 되어 있습니다. 그것이 상대방에게 존중받고 사랑받는다 느끼는 통로입니다.

선생님은 저를 믿어 주십니다

청소년 사역을 하면서 스스로에게 가장 많이 하는 말이 있다면 "아이들을 믿자"입니다. 스스로에게만이 아니라 소그룹 아이들 문제로 제게 도움을 요청하는 교사분들이나 자녀 문제로 상담을 요청하는 부모님에게도 결국 같은 말을 합니다. "아이들을 믿어 주세요"입니다. 물론 청소년을 만나다 보면 믿는 도끼에 발등 찍히는 경우가 많습니다. 교사의 믿음에 부응하기보다는 실망감을 안겨 주는 경우가 많습니다. 그럼에도 우리는 청소년을 믿어야 합니다. 청소년은 누군가 자신을 믿어 준다고 느낄 때 동시에 사랑을 경험합니다. 반대로 믿어 주지 않을 때 날카로운 거절감을 느낍니다.

저의 15년간의 청소년 사역 중에서 가장 뼈아픈 실패들은 항상 믿어 주지 못한 것에서 비롯되었습니다. 사역 초기에 저를 무척이나 따랐던 무리가 있었습니다. 학교에서 힘을 꽤나 쓰는 아이들이었지만 학교 전도로 교회를 나오게 되었습니다. 시간과 물질을 아끼지 않고 무척 공을 들인 아이들이었습니다. 감사하게도 투자한 만큼 결실을 보여 주었습니다. 교회를 빠지지 않고 잘 출석해 주었고, 성경 공부도 착실하게 따라와 주었습니다. 학교에서 힘의 논리로 살아왔던 아이들인 만큼 리더인 저의 말이라면 군말 없이 따라 주었습니다. 교회의 많은 성도들은 그 아이들을 보고 흐뭇해했습니다.

한번은 교회에서 단체로 공연을 관람하러 갔을 때 일입니다. 좌석에 앉아 공연을 보고 있을 때, 그 아이들이 서로 신호를 보내는 것이 감지되었습니다. 그리고 약속이나 한 듯이 한 명씩 바깥으로 빠져나갔습니다. 그 무리의 아이들이 다 나간 후였습니다. 혹시나 하는 마음에 바깥으로 나가 보니 건물 구석에서 옹기종기 모여 담배를 피우고 있었습니다. 저를 마주한 아이들은 무척이나 당황했습니다. 그 순간 저는 너무 큰 배신감을 느꼈습니다. 그래서 소리를 지르다 못해 얼차려를 주었습니다. 그것도 예수님의 이름을 들어 가면서 말입니다. "너희들 예수님 앞에 부끄럽지도 않니? 엎드려뻗쳐!"(물론 요즘은 상상도 못하는 일입니다.) 당시에는 얼차려에 따를 만큼 관계가 되어 있습니다. 얼차려를 주면서 그 순간 느꼈던 배신감을 정죄와 판단의 언어로 마구 쏟아냈습니다.

그날 이후로 그 아이들의 모습은 교회에서 찾아볼 수 없었습니다. 학교로 찾아가서 진심으로 사과해도 마음을 돌릴 수 없었습니다. 전해 들은 말에 따르면 얼차려 자체보다 당시 제가 쏟아냈던 정죄와 판단의 말들이 이 아이들을 잃게 만들었습니다. 그날 이후로 지금까지도 마음 한 구석에 후회로 남아 있습니다. '그때 이 아이들을 믿어 주었더라면 상황은 달라지지 않았을까?' 하는 마음에서입니다.

　그 경험 이후로는 청소년들이 마음에 들지 않아도, 실망감을 안겨 줘도 '믿어 주는 것'을 선택했습니다. 결론은 믿어 주는 만큼 자랐습니다. 청소년을 향한 우리의 믿음은 너무나 자주, 그리고 비참하게 내동댕이침을 당합니다. 그러나 예수님이 제자들을 끝까지 믿으셨던 것처럼, 배반한 베드로를 믿어 주셔서 자신의 양을 부탁하신 것처럼, 청소년을 믿어야 합니다. 그 믿음 안에서 사랑을 느끼기 때문입니다.

선생님은 저에게 낭비해 주시는 것 같아요

　청소년은 먹여야 합니다. 그리고 손에 뭔가를 쥐여 줘야 합니다. 그것이 선물이든 편지든 말입니다. 아이들은 누군가가 자신에게 물질을 사용할 때 사랑을 느낍니다. 문제는 교사 입장에서 만족할 만한 효과가 나타나지 않을 수 있다는 점입니다. 마치 밑 빠진 독에 물을 붓는 것처럼 낭비라고 느껴질 수 있습니다. 그러나 우리는 계산하지 말고 사랑해야 합니다. 계산하기 시작하면 낭비하기 어렵습니다. 그러나 사랑하기로 선택하면 기꺼이 낭비할 수 있습니다.

콩나물시루에 물을 부으면 그대로 물은 빠져나갑니다. 보기에 따라서는 의미 없는 행동으로 보일 수 있지만 결국 그것이 콩나물을 자라게 합니다. 이처럼 우리는 뿌리는 사람들입니다. 낭비하는 사람들입니다. 우리가 뿌린 사랑을 하나님은 자라 가게 하시고, 하나님의 때에 결실을 거두게 하실 겁니다.

선생님은 저를 끝까지 포기하지 않으세요

지금까지 알아보았던 사랑의 주제들, **관심, 약속, 믿음, 낭비**의 결론이라고 할 수 있습니다. 이 모든 사랑의 선택들은 **포기하지 않음**에서 결실을 맺습니다. 아이들에게 관심 가지기 위해서 끝까지 문을 두드려야 합니다. 약속을 지키는 일에, 믿음을 가지는 일에, 낭비하는 일에 포기하지 말아야 합니다.

청소년 교사가 할 수 있는 최악의 선택 중 하나는 중간에 그만두는 일입니다. 청소년 사역을 하다 보면 중간에 그만두는 교사의 빈자리를 챙겨야 할 때가 있습니다. 갑자기 교사의 자리가 비어 버린 소그룹의 아이들을 만나 보면 생각보다 부정적인 영향이 큽니다. 심지어는 버림받았다는 감정을 호소하는 아이도 있습니다. 비록 아이들은 겉으로 표시를 안 낼지 모르지만 속으로 깊이 상처를 받습니다. 그래서 저는 교사를 지원하는 분이 계시면 냉큼 환영하기보다는 재차 고민해 보시도록 권유합니다. 물론 동역자가 한 분이라도 더 있으면 힘이 되는 것이 사실이지만, 중간에 그만두면 처음부터 시작하지 않는 것이 서로 더 낫다고 여기기 때문입니다. 피치 못할 사정(천재지변, 질병 등)이 아니라면 중간에 그만두는 것은 피해야 할 (최악의) 선택입니다.

아이들,
이대로 괜찮을까?

예배나 소그룹보다 시험과 학원이 우선인 아이들을 보면 걱정이 된다. 교사로서도 맥이 빠진다.

저도 늘 이 문제가 숙제입니다. 시험 기간만 되면 유난히 비어 보이는 예배 자리를 보면서 여러 가지를 시도했습니다. 격려도 해보고, 협박도 해보고, 달래도 보고, 혼도 내봤습니다. 그 순간에는 효과가 있었지만 오래 지속되지는 못했습니다. 그러다 아이들의 삶을 들여다보게 되었습니다. 아이들의 삶은 생각보다 바빴습니다. 학교를 마치고 늦은 저녁까지 학원을 오갑니다. 주말까지 학원에서 보충학습과 모의고사를 보기도 하고, 집에서 숙제나 수행평가를 준비합니다.

제 나름대로의 결론은 공감과 기준이었습니다. 먼저는 아이들의 바쁜 삶을 충분히 공감해 주었습니다. 그렇지만 지속적으로 기준을 제시했습니다. 두 가지 중에 하나라도 빠지면 간섭과 방종으로 비칠 수 있습니다. 기본적으로 아이들의 마음에는 불안이 있습니다. 학업과 입시, 취업 준비에서 '잘해야 한다'는 능동적 압박보다는 '뒤처지면 안 된다'는 수동적 불안입니다. 이 불안은 사람을 더 혼란하고 조급하게 만듭니다. 아이들의 불안을 충분히 공감하면서 불안의 근본적인 해결은 하나님을 예배하고 알아가는 데 있다는 기준을 지속적으로 제시해 줘야 합니다.

아이들을 가르치기 이전에 스스로가 영적 수준이 안 된다고 느끼거나, 때론 신앙이 다운되어서 학생들에게 안 좋은 영향을 줄까 봐 걱정이다. 그래서 매해 그만둘까 고민한다.

두 가지의 고민이 담겨 있는 것 같습니다. 먼저는 영적 수준의 문제이고, 다음은 영적 침체 문제입니다. 영적 수준의 문제는 꼭 다뤄야 할 부분입니다. 위에서 추천해 드린 《꼭 알아야 할 기독교 핵심진리 20》, 《꼭 알아야 할 기독교 핵심교리 50》과 같이 기독교의 기본 진리와 교리를 다루는 책을 읽고 점검하는 것이 필요합니다. 그리고 교역자나 동료 교사분들에게 도움을 요청하여 배움의 시간을 가지는 것이 좋습니다.

영적 침체의 문제는 교사를 하거나 하지 않고의 문제는 아닌 것 같습니다. 교사로 섬기다가 영적으로 침체가 왔을 때 교사의 일을 계속하거나 그만둔다고 해서 해결되지 않습니다. 영적 침체의 문제는 '자리의 문제'입니다. 내가 지금 하나님을 만나는 자리를 지키고 있는가가 핵심입니다. 사람의 비극은 침체가 올수록 하나님을 만나는 자리를 피한다는 데 있습니다. 이로 악순환이 시작되고 반복됩니다. 하나님을 만나는 개인 경건의 자리, 주일과 수요예배, 새벽예배의 자리, 함께 삶을 나누고 서로 기도하는 모임의 자리를 더 가까이하고 지켜나가야 합니다. 교사의 싸움은 이 자리를 지켜 내는 싸움입니다.

3

[하게 함]

그가 어떤 사람은 사도로, 어떤
사람은 선지자로, 어떤 사람은
복음 전하는 자로, 어떤 사람은
목사와 교사로 삼으셨으니, 이는
성도를 온전하게 하여 봉사의
일을 **하게 하며** 그리스도의
몸을 세우려 하심이라.

엡 4:11-12

{ 청소년은 명사가 아니라 동사입니다 }

청소년을 가르칠 때 흔한 오해는 청소년은 돌봄의 대상일 뿐이라는 것입니다. 그도 그럴 것이 어른의 입장에서는 아직 미성년자이기 때문입니다. 이 말 속에는 청소년을 사회적으로 독립적인 존재라고 인정하기에는 아직 부족하다는 인식이 담겨 있습니다.

교사로서 청소년을 섬기는 유형을 네 가지[1]로 나눠 볼 수 있습니다. 여기에서 '나'는 교사를, '너'는 청소년을 가리킵니다.

유형1	유형2	유형3	유형4
나는 그것을 한다	나는 그것을 하고, 너는 돕는다	너는 그것을 하고, 나는 돕는다	너는 그것을 하고, 나는 다른 것을 시작한다

어떤 유형에 속하시나요?

유형 1 – 나는 그것을 한다 교사나 교역자가 모든 일을 전담하는 유형입니다. 주일을 예로 들면, 예배 준비와 진행과 마무리

104

모두 교사의 몫입니다. 이 유형은 청소년을 단순히 돌봄의 대상으로 여기게 합니다. 마치 어린이집에서 아이를 돌보는 것처럼 모든 일은 교사의 손길이 닿아야 합니다.

유형 2 ― 나는 그것을 하고, 너는 돕는다　교사나 교역자가 대부분의 일을 하고 학생이 나머지 일을 돕는 유형입니다. 주일을 예로 들면, 청소년이 찬양팀 봉사와 대표기도를 하고, 예배를 마치고 함께 정리하는 정도입니다. 현재 많은 청소년 부서가 보이는 유형이라고 할 수 있습니다.

유형 3 ― 너는 그것을 하고, 나는 돕는다　청소년이 대부분의 일을 하고 교사가 나머지 일을 돕는 유형입니다. 주일을 예로 들면, 청소년이 예배를 준비하고 진행합니다. 소그룹 또한 청소년이 진행합니다. 청소년이 학생들을 심방하고 훈련합니다. 교사는 청소년이 하는 봉사에 필요한 부분을 지원해 줍니다. 이 유형은 아주 적지만 교회의 상황이나 교역자의 목회 철학에 따라 가끔 나타납니다.

유형 4 ― 너는 그것을 하고, 나는 다른 것을 시작한다　교사와 청소년이 각자의 일을 하는 유형입니다. 교사는 돌봄과 가르침 사역에 집중하고 청소년은 자신의 힘으로 공동체를 세워 나가도록 열어 줍니다. 주일을 예로 들면, 청소년 봉사 종류에 따라 5-6개의 팀(레크팀, 문서팀, 봉사팀, 선교팀, 예배팀 등등)으로 나눕니다. 각 팀에 속해서 봉사 사역에 집중합니다. 교사는 각 소그룹 아이들을 환대하고 대화를 나눕니다. 예배가 시작되면 예배자로서 함께 참여합니다. 소그룹 시간이 되었을 때 준비한 성경 메시지를 전달합니다. 마지막으로 기도해 주며 청소년을 현장으로 파송합니다.

서로 다른 일을 하지만 각자 고유한 영역에서 권위를 가지고 일한다는 점이 특징입니다.

또 다른 종교개혁이 필요합니다

위의 유형1(나는 그것을 한다), 유형2(나는 그것을 하고, 너는 돕는다)는 교사 중심의 관계로 흐르기 쉽습니다. 교역자나 교사가 가르침의 주체이고 청소년은 가르침의 대상으로만 여길 수 있습니다. 마치 버스나 극장과 같습니다. 버스 안에서 한 사람이 운전대를 잡고 운전하면 다른 사람은 승객이 되어 수동적으로 따라갑니다. 극장 안에서 몇 사람이 공연을 하면 다른 사람들은 관객이 되어 피동적으로 구경합니다. 이처럼 청소년은 수동적이 될 수밖에 없습니다.

유형3(너는 그것을 하고, 나는 돕는다)은 반대의 경우입니다. 학생 중심의 관계로 흐르기 쉽습니다. 청소년은 주체이고 교사는 그저 돕는 대상으로만 여길 수 있습니다. 이 유형은 신선하지만 위험할 수 있습니다. 교사 고유의 돌봄과 가르침 사역이 침범당하거나 약화될 수 있기 때문입니다.

청소년은 하나님의 나라에서 승객이나 관객이 아닙니다. 이들도 하나님의 일꾼입니다. 우리는 특정한 몇 사람이 끌고 가는 버스나 극장이 아니라 그리스도의 몸입니다. 그리스도의 몸은 각 지체가 각자의 역할을 하고 기능을 합니다. 존 스토트는 에베소서 4장을 주석하면서 다음과 같이 말합니다.

목사(목자)에 대한 신약의 개념은 모든 사역을 손에 쥐고 놓지 않으려 전전긍긍하면서, 사람들의 모든 주도권을 억눌러 버리는 사람이 아니라 모든 하나님의 백성이 은사를 발견하고, 개발하고, 발휘하도록 돕고 격려하는 사람이다. 그의 가르침과 훈련은 이러한 목적을 위함이다.[2]

마르틴 루터는 종교개혁의 원리 중에 하나로 '만인제사장' 이론을 주장했습니다. 당시 특정한 직분만을 성직으로 여겼던 문화에 반대했습니다. 부름받은 모든 이들이 거룩한 직분을 가졌음을 주장했습니다. 주일학교 안에서, 특히 청소년 부서에서 '봉사 종교개혁'이 일어나야 합니다. 특정 소수만 봉사하는 공동체가 아니라 모두가 그리스도의 지체가 되어 함께 봉사하는 공동체로 개혁되어야 합니다.

그런 의미에서 **유형4(너는 그것을 하고, 나는 다른 것을 시작한다)**는 모범 사례입니다. 특정 그룹이 중심이 되지 않고 모두가 주체가 되어 섬기는 유형입니다. 다음은 이 유형에 도움을 주는 팀들입니다. (이 팀들의 종류와 역할은 필자 개인의 분류[3]일 뿐 교회와 부서의 상황에 맞게 구성하고 나눌 수 있습니다.) 주일이 되면 학생들은 각자 자신이 속한 그룹의 역할에 따라 일을 합니다. **레크팀**은 생일 축하를 준비하고, **문서팀**은 주보를 만들어 나눠 주고 큐티 도서를 판매합니다. **봉사팀**은 예배에 필요한 기물을 준비하고 예배를 정리합니다. **선교팀**은 새가족을 환영합니다. **예배팀**은 예배의 전반적인 요소를 준비하고 진행합니다. 그래서 청소년 예배 광고 시간에는 한 사람만 나와서 소식을 알리지 않습니다. 각 팀의 팀장들이 나와서 적극적으로 자신의 사역을 홍보하고 일정을 알립니다. 이 활동들을 통해서 학생들과 함께 세워 가는 공동체를 만들어 갈 수 있습니다. 청소년은 움직이지 않는 명사가 아니라 움직이는 동사입니다.

팀	하는 일
예배팀	공동체의 온오프라인 예배를 위해 일합니다. 찬양팀 구성 및 운영, 음향 엔지니어, 예배 PPT 작성, 악기 관리, 각종 집회를 맡습니다.
문서팀	공동체의 소통을 위해 일합니다. 주보 만들고 나누기, 행사 홍보 포스터, 큐티책 홍보 및 판매, 신앙도서 읽기 캠페인을 합니다.
봉사팀	공동체의 정리 정돈을 위해 일합니다. 예배실 정리 정돈, 청소년 멘토링 매칭, 수련회, 야외 활동(예배, 체육대회) 장소 기획을 합니다.
선교팀	공동체의 나눔을 위해 일합니다. 국내·해외 단기선교 훈련 및 현장 섬김이, 청소년 전도축제, 새 멤버 섬김, 학교 선교에 힘씁니다.
레크팀	공동체의 친교를 위해 일합니다. 예배 친교, 생일파티, 새가족 환영, 체육대회·야외예배·수련회 레크리에이션 진행을 맡습니다.

섬김의 공간이
필요합니다

파커 파머는 공동체를 세우는 데 철학이 중요함을 강조합니다. 그에 따르면 참된 공동체를 세우는 길은 개인이나 소수만이 아니라 모두가 일하는 공간을 만드는 일입니다.[4] 교사가 학생들의 잠재력을 기꺼이 믿으며, 심지어 그 잠재력을 나누는 데 실패할 위험도 감수하는 일입니다. 그래서 청소년이 할 일은 '효과적인 프로그램'이 아니라 '효과가 없어도 해야만 하는 사역'입니다.

권위를 나눠 주고 세워 주세요

청소년에게 섬김의 공간을 마련해 주는 것은 단순히 일을 맡기는 것이 아닙니다. 그리스도 몸의 일부임을 깨닫게 하고 권위를 나눠 가지는 일입니다. 그리고 지속적으로 격려와 칭찬으로 세워 주는 일입니다.

제가 고등부 학생일 때 맡았던 일은 주보를 나눠 주는 일이었습니다. 주일마다 예배실 입구에 서서 입장하는 선생님과 학생에게 인사하고 주보를 건네는 일이었습니다. 그 일을 한 2년 동안 하루도 빠지지 않았습니다. 심지어 고3 수험생일 때도 계속했습니다. 이렇게 할 수 있었던 이유는 고등부 선생님들 덕분이었습니다. 주보를 나눠 주는 일이라고 해서 가볍게 대하지 않으셨습니다. 매주 나오는 주보 앞면에 제 이름과 함께 '고등부 주보 나눔이'라는 직분이 찍혀 나왔습니다. 틈나는 대로 선생님들은 격려와 칭찬을 아끼지 않았습니다. 그때 한 선생님은 광고 시간에 자주 "고등부 예배는 석원이로부터 시작된다"라고 말하셨습니다. 이 과정을 통해 단순한 봉사자가 아니라 공동체의 일원으로서 존재감과 책임감을 지니게 되었습니다.

한 청소년을 소개합니다

한 남학생을 소개하고 싶습니다. 매년 새해가 되면 부서별로 신입생을 맞이합니다. 새로 올라온 아이들을 알아 가는 과정은 크게 두 가지가 있습니다. 먼저 그 아이와 개별적으로 만나는 데서 시작하여 서서히 알아 가는 과정입니다. 대부분의 신입생을 이렇게 알아 갑니다. 다음으로는 그 아이에 대한 주위 소문을 듣고 알아 가는 과정이 있습니다. 이는 아주 특수한 경우입니다. 대부분 문제를 일으키거나 주위 사람에게 경계의 대상이되는 캐릭터입니다. 이런 경우 신입생이 올라오기도 전에 기존부서 교사들과 학생들은 요동을 칩니다. "○○이가 올라온대!" "전 부서에서 ○○이 때문에 그만두고 싶었던 교사가 한둘이 아니래." "이제 우리 어떡하지?"

이 아이의 경우는 후자였습니다. 신입생으로 올라올 때부터 명성이 자자했습니다. 보통 소문으로 먼저 사람을 접하면, 실제로 만났을 때 소문만큼 대단하지 않은 경우가 많습니다. 하지만 이 아이는 명성 그 이상이었습니다. 전혀 통제되지 않고 예측되지 않는 아이였습니다. 학교에서 또래에게 위협적인 존재인 소위 일진이었습니다. 학교에서 크고 작은 기물을 파손해서 요주의 대상이었습니다. 한번은 알리바바와 40명의 도둑처럼 많은 친구를 동원해 대형마트 털이를 주도하다가 발각되었습니다. 이 친구가 가는 곳마다 대형사고가 따라다녔습니다. 어느 날은 자신이 다니는 학교의 담임 선생님과 저를 SNS 대화방으로 초대해 싸움을 붙이기도 했습니다. 물론 선생님과 저는 아무 대화가 없었고, 이 친구 혼자서 바람 잡는 것으로 끝났습니다. 이 일이 끝나고 그 담임 선생님은 제게 다음의 문자 메시지를 보냈습니다. "저는 ○○이를 포기했습니다. 부디 교회에서라도 바른 지도 부탁드립니다."

이 아이와 친분을 맺기 시작하면서 저는 심각하게 사역에 대해 고민하기 시작했습니다. '교회를 다른 곳으로 옮겨야 하나?', '사역을 접어야 하나?' 할 정도로 내적 갈등을 겪었습니다. 학교에서 새는 바가지가 교회에서 새지 않을 리 만무했기 때문입니다. 교회를 다니는 또래를 괴롭히고 싸우는 것은 예사였습니다. 이 친구가 교회에 머물다 가는 동안 많은 교회 기물들이 부서져 나갔습니다. 그럴 때마다 저 역시 책임 추궁에서 자유로울 수 없었습니다. 그 친구가 속한 부서 사역자였기 때문입니다.

게다가 이 아이가 혈연, 지연, 학연보다 중요하게 생각했던 것이 바로 흡연입니다. 니코틴에 중독된 듯 장소를 가리지 않고 담배를 입에 물었습니다. 교회도 예외가 아니었습니다. 교회에서 예배를 드리거나 행사가 있을 때면 성도들의 눈이 많은 교회 건물 안팎에서 연기를 피워 댔습니다. 음주도 빼놓지 않았습니다. 청소년 수련회를 할 때, 저녁 집회를 마치면 순진한 아이들을 꼬드겨 술파티를 하다가 발각된 적도 있습니다. 그럴 때마다 담당 사역자로서 성도들과 학부모의 따가운 눈초리를 피할 길이 없었습니다. 엄하게 혼내 보기도 하고 부드럽게 타일러 보기도 했지만 그때뿐이었습니다.

이 친구의 거침없는 행보는 저의 결혼식에서도 이어졌습니다. 결혼식이 시작하기 전에 손님들을 맞이하고 있었습니다. 생전 처음 보는 낯선 청소년들이 물밀듯 들어왔습니다. 이들은 하나같이 "말씀 많이 들었습니다"라는 인사와 함께 식권을 받아 식당으로 직행했습니다. 알고 보니 이 친구가 제 결혼식을 기념하여 자신의 친구들을 떼로 몰고 온 겁니다. 가슴 시리게도 어느 한 녀석도 축의금은 가져오지 않았습니다. 후일담에 따르면 이 친구가 어머니에게 축의금을 받고는 횡령했다고 합니다.

자리가 사람을 만들어 냅니다

주위 사람들을 여러모로 힘들게 했던 이 아이는 선교팀에 합류하면서 조금씩 바뀌기 시작했습니다. 일손이 많이 필요한 선교지의 특성상 무턱대고 놀 수만은 없었습니다. 자신에게도 역할에 따른 권위가 주어지고 책임을 느끼는 순간부터 말과 행동이 조금씩 달라졌습니다. 결정적으로 부서 내에서 리더(임원)에 뽑히면서 하루가 다르게 달라졌습니다. 싫든 좋든 성경을 배우는 자리, 기도하는 자리, 봉사하는 자리를 채우게 되면서 예수 그리스도를 인격적으로 영접하게 되었습니다. 입술과 삶으로 믿음을 고백하게 되었습니다.

한번은 온 세대가 함께 모여 예배드리는 현장에서 자신의 지난날과 주님과의 만남에 대해 적나라하게(?) 간증했습니다. 그때 청소년 아이들 사이에서 센세이션이 일어났습니다. 그 친구를 잘 아는 사람일수록 충격은 더 컸습니다. 이 계기로 한동안 교회를 떠나 있던 아이들도 다시 교회에 출석하기 시작했습니다. 그중 한 아이는 이렇게 말했습니다. "○○이가 저렇게 변할 수 있다면 하나님이 계실지 모른다는 생각을 했습니다."

자리가 사람을 만든다는 말이 있습니다. 한 사람에게 특정한 권위와 역할이 주어지면 그것이 사람을 변하게 만든다는 뜻입니다. 이 아이의 경우도 섬김의 자리가 주어지면서 변화가 시작되었습니다. 물론 이 친구의 에피소드를 공식화하거나 모두에게 적용하는 것은 무리입니다. 섬김의 자리가 신앙의 변질을 가져다주거나 아무 일이 일어나지 않기도 합니다. 그러나 이 변화의 이야기는 가능성에 대해 분명한 메시지를 전해 줍니다. 이 메시지는 세 가지로 정리할 수 있습니다.

청소년이 '하게 하는' 가능성으로 초대합니다

그리스도의 몸이 되는 가능성 청소년에게 단순히 봉사하게 하는 것으로 충분하지 않습니다. 봉사하게 하는 것이 목적이 되면 말 그대로 일에 그치게 됩니다. 청소년도 그리스도의 몸 가운데 한 지체임을 알려 주고, 각자의 역할을 부여하여 인정해 주어야 합니다. 이 아이에게는 바로 이것이 변화의 시작이었습니다.

권위를 나눠 주는 가능성 청소년을 같은 지체로 여긴다는 것은 권위를 나눠 주는 일입니다. 다른 말로 책임을 나누는 일입니다. 권위와 책임을 나눈다고 해서 교사 고유의 권위를 내려놓는 것은 아닙니다. 도리어 강화하는 것입니다. 교사의 고유한 권위와 역할이 무엇인지 고민하고 더 집중하도록 만들기 때문입니다. 교사의 고유한 역할은 청소년을 돌보고 온전하게 하는 일이지 부서 내의 '모든 일을 하는 것'이 아닙니다.

단적으로 저와 함께한 교사분들은 청소년 예배 전에 '아무 일도 안 하는 것'을 꿈꿨습니다. 교사의 주일 오전은 폭풍 같은 시간입니다. 먼저 나눠 주는 일이 있습니다. 주보를 뽑아서 아이들에게 나눠 주고, 헌금 봉투를 나눠 주고, 소그룹 활동지를 나눠 줍니다. 그리고 챙기는 일을 합니다. 헌금 바구니를 챙기고, 예배 자료(PPT, 찬양 악보)와 음향 기기(마이크, 악기)를 챙기고, 찬양 팀을 챙깁니다. 마지막으로 혼자 하는 일이 있습니다. 소그룹 내용을 익히고, 잠깐 시간을 내어 개인적인 일을 처리합니다. 이 모든 일에 정신을 빼앗기다 보면 예배실에 들어오는 학생의 이름도 불러 주지 못하기 일쑤입니다. 이런 일이 예배 시간에도 지속된다면 우리에게 예배의 여유는 온데간데없이 일 치르기에 급급하게 됩니다.

하지만 권위와 역할을 나누자 점점 교사의 역할에 집중하게 되었습니다. 학생들은 각자 맡은 일에 따라 예배를 준비하고 교사들은 따로 모여 아이들을 위해 기도합니다. 기도회를 마치면 교사는 소그룹 자리에서 아이들을 맞이합니다. 아이들은 자연스럽게 교사를 따라 예배 속으로 들어갑니다.

지속적으로 세워 주는 가능성 한 청소년의 변화 뒤에는 교사들의 지속적인 관심과 격려가 있었습니다. 무엇보다 기도가 있었습니다. 아이들의 동역으로 교사가 기도할 시간을 확보했습니다. 사람을 세우고 살리는 길은 결국 성령의 권능에 있음을 알고 기도에 힘쓸 수 있었습니다.

우리가 그리스도 안에서 한 몸이 되어 권위를 함께 나누고 관심과 격려, 기도로 세워 갈 때 청소년이 '하게 하는' 가능성이 열립니다.

부서의 침체, 어떻게 하면 좋을까요?

부서에 활기가 없을 때는 다음의 세 가지를 체크할 필요가 있습니다.

분명한 방향이 있는가? '청소년이 하게 하는 일'은 프로그램 중 하나가 아닙니다. 청소년 교사의 부르심입니다. 선택이 아니라 필수입니다. 만약 해도 되고 안 해도 되는 여러 프로그램 중 하나로 인식되면 방향을 잃을 수밖에 없습니다. 분명한 방향이 있다면 속도는 더딜지라도 갈수록 활기가 살아납니다.

버팀이 있는가? 부서에서 핵심 가치로 여기는 일을 최소 1년만 유지하면 문화가 됩니다. 최대 3년을 버티면 완전한 문화로 자리 잡게 되어 있습니다. 그래서 부서로 올라오는 신입생들에게 설명할 필요가 없습니다. 아이들은 올라오기 전에 이미 마음의 준비를 하기 때문입니다. 예를 들어 부서에 금요일마다 산기도를 가는 문화가 있다면 신입생은 충분히 고민하고 마음의 준비를 끝내고 올라옵니다. 봉사하는 일도 마찬가지입니다. 문화가 자리 잡으면 해마다 활기가 달라질 것입니다. 이렇게 문화의 힘은 강력합니다. 최소 1년, 최대 3년은 버틸 각오를 해야 합니다.

교회와 청소년 부서의 상황에 따라서는 이런 도전이 하늘의 별따기처럼 느껴질 수 있습니다. 학생의 수가 적거나 적극적인 아이들이 거의 없는 환경에서는 어려울 수 있기 때문입니다. 그럼에도 꿈꾸고 기도하고 '버텨야' 합니다. 분명 길을 열어 주실 것입니다.

교역자에게 철학이 있는가? 청소년 부서는 많은 경우 교역자의 철학과 역량에 따라 좌우됩니다. 부서가 침체된 분위기라면 교사가 교역자에게 '청소년들이 하게 하는 일'에 대해 적극적으로 제안해 보아도 좋습니다.

만약 교역자분이 이 글을 읽고 있다면, 한 가지 제안을 드리고 싶습니다. 그리스도의 다리(bridge)가 되어 주세요. 교역자의 중요한 역할 중 하나는 다리가 되어 주는 일입니다. 하나님과 청소년, 청소년과 교사, 교사와 교사 사이에 다리가 되어 주는 일입니다. 교역자의 가장 큰 영광은 개인기를 인정받는 것이 아니라 공동체를 세우는 일입니다. 공동체가 부임 전보다 사임 후가 더 활기차게 세워진다면 얼마나 큰 영광일까요? 교사분들과 청소년을 많이 믿어 주세요. 모든 일에 주체가 되기보다, 혼자 일하기보다, '하게 하는 일'에 다리가 되어 주세요.

TIP ✦ 청소년과의 동역을 가로막는 생각들

가로막는 생각들	바로 세우는 생각들
일이 제대로 되지 않을 것 같다	**일이 제대로 되지 않아도 된다**
· 아이들에게 맡겼다가 더 어수선해지면? · 애들도 제대로 케어가 안 되면? · 부서 일도 제대로 돌아가지 않으면?	· 어수선해도 동역하는 것이 더 가치 있어. · 애들 케어는 교사인 내가 책임져. · 방향만 잃지 않으면 결국 잘 돌아갈 거야.
아이들은 믿음이 없다	**아이들의 믿음은 자라는 중이다**
· 믿음이 없는데 봉사하는 것은 의미 없어. · 믿음이 더 자라고 봉사해도 늦지 않아. · 봉사하는 것이 영적 성장에 방해가 돼.	· 자라고 있는 믿음에 좋은 자극을 줄 수 있어. · 봉사하면서 동시에 믿음을 훈련할 수 있어. · 섬김 공동체는 영적 성장에 도움을 줄 거야.
아이들은 아직 어리다	**아이들은 이미 충분하다**
· 한창 공부할 나이에 봉사는 무리야. · 어린아이들에게 책임감을 요구하기엔 무리야. · 심부름 정도면 충분해.	· 소명감을 가지게 하면 공부에도 힘이 될 거야. · 일반 학교에서도 이미 아이들은 봉사를 하고 있어. · 아이들은 믿어 주고 세워 주는 만큼 자랄 거야.
내가 할 일이 없어질 것 같다	**내가 할 일이 더 분명해질 것이다**
· 아이들에게 맡기면 나의 일은 없어질지도 몰라. · 나의 일이 존중받지 못하면? · 나의 존재감이 떨어지면?	· 나는 아이들을 온전하게 하는 일에 집중하자. · 나의 일을 내가 먼저 존중하면 돼. · 하나님은 내 중심을 아셔. 그것으로 충분해.
실망하면 어떡하나	**실망도 하나의 과정이다**
· 아이들이 봉사를 거부하고 피하면? · 아이들이 봉사하다가 문제를 일으키면? · 아이들이 봉사할수록 예의가 없어지면?	· 아이들은 얼마든지 그럴 수 있어. · 문제 속에서 성장하도록 코칭 하면 돼. · 온전한 자세가 뭔지 지속적으로 알려 주자.

청소년과의 대화,
이렇게 해보실래요?

청소년과의 대화를 열어 가는 3가지 채널

청소년을 세우는 데 기본적으로 필요한 것이 있습니다. 바로 대화입니다. 아이들과의 원활한 대화가 청소년 섬김의 가능성을 열어 갑니다.

청소년과의 대화는 가장 기본적이면서 동시에 가장 어렵습니다. 실제로 청소년과 함께하는 교사들을 만나 보면 적지 않은 분들이 소통의 어려움을 호소합니다. 입을 열지 않는(또는 열기 싫어하는) 아이들과 대화를 나눠야 하고, 세대 차이가 분명한 아이들과 공감대를 형성해야 합니다.

청소년과의 대화. 어려울 수 있지만 불가능하지 않습니다. 저 또한 청소년과의 소통이 가장 어려운 사람이었지만 어느 순간부터 수월해지기 시작했습니다. 주파수에 맞는 채널이 있는 것처럼 청소년과의 대화에도 맞는 채널이 있었습니다.

그냥 하기

청소년과의 대화는 '그냥 하기'에서 시작합니다. 아주 싱겁게 느껴질 수 있지만 분명한 사실입니다. 이는 우리 삶에도 두루 통용되는 자세입니다. 우리가 어려운 어떤 것을 수월하게 만들어 가는 과정에는 반드시 '그냥 하기'가 있습니다.

사진학계의 원로와 사진학도들이 함께하는 자리가 있었습니다. 사진학도는 한 원로에게 사진에 대해서 물었습니다. "사진은 무엇입니까?" 답변은 이것이었습니다. "그냥 찍어라." 그자리에서 이 대화를 지켜보았던 한 저명한 사진 작가는 이 대답이 사진에 대한 최고의 명답이었다고 회상합니다.[5]

"그냥 하라!" 이 말은 청소년과의 대화에도 적용됩니다. 청소년과 대화가 어렵다고 느끼는 많은 경우, 교사의 심리가 먼저 움직입니다. 대화를 시도하기도 전에 걱정(대화가 막히면 어떡하지?)과 부담(이 친구가 대화하기 싫어할 수도 있다. 내게는 대화 기술이 없다)을 가지면 교사 스스로 위축됩니다. 교사가 불편한 대화는 원활할 수 없습니다.

청소년과의 대화는 계산 없이, 기대 없이 그냥 시도해야 합니다. 과정과 결과를 예측하려 하지 말고 대화에 자신을 던져야 합니다. 물론 금방 대화가 어색해질 수 있고, 막혀 버릴 수 있습니다. 하지만 대화 전에 부담과 걱정을 안고 시작하는 것과는 마음의 결과가 다릅니다. 언제든지 다시 그냥 시도해 볼 수 있기 때문입니다.

물어보고 알아보기

청소년과의 대화가 어려운 이유는 우리와 쓰는 언어가 다르기 때문입니다. 아이들은 자신들끼리만 통용되는 언어를 만들고 사용합니다. 그래서 '호모중고딩쿠스'라고 부르기도 합니다.

청소년끼리 주로 사용하는 은어는 수명이 짧다는 특징이 있습니다. 온라인 커뮤니티나 게임, 스마트폰과 같은 인터넷 환경에서 신조어가 재빨리 만들어지고 얼마 지나지 않아 폐기됩니다. 변하는 주기가 길면 6개월, 짧으면 1개월 밖에 되지 않습니다(갈수록 패턴은 짧아지고 있습니다). 그래서 반년 전에 유행했던 청소년 은어를 사용했다가는 '조상님'이라는 오명을 뒤집어쓰게 됩니다.

은어의 패턴에는 줄임말 또는 합성어가 있습니다. 상대를 얕잡아 표현하는 '듣보잡'(듣도 보도 못한 잡것), 버스 카드 충전을 뜻하는 '버카충'(발음은 보통 뻐카충), 당혹스럽거나 힘든 상황에 사용하는 '멘붕'(멘탈 붕괴), 엄마로 인해 곤란한 상황에 빠졌음을 알리는 '엄크'(엄마 크리티컬), 이외에도 '흠좀무'(흠 이게 사실이라면 좀 무섭군요), '찐찌버거'(찐따, 찌질이, 버러지, 거지) 등으로 나타납니다.

이런 패턴마저도 아이들 내에서 '별다줄'(별걸 다 줄인다)이라는 말과 함께 자성의 목소리도 나오고 있습니다. 그래서 청소년 언어의 패턴은 고정되어 있지 않습니다. 마치 흐르는 강물과 같습니다. 끊임없이 흘러오는 물결에 노를 젓지 않으면 저만치 멀어지는 것처럼, 바뀌는 청소년 언어를 지속적으로 파악하지 않으면 금방 뒤처지게 됩니다.

청소년과 대화할 때 은어를 어설프게 알고 쓸 바에는 아예 쓰지 않는 것이 좋습니다. 우리는 청소년과 대화하는 교사이지, 청소년은 아니기 때문입니다. 대화의 물꼬를 트고 이어 갈 원동력은 아이들이 쓰는 단어를 그대로 사용하는 것이 아니라 그들의 언어와 문화를 존중하는 것입니다. 그래서 청소년 은어를 모방하기보다는 그들이 쓰는 언어와 문화를 지속적으로 알아 갈 필요가 있습니다. 그 방법은 두 가지가 있습니다.

물어보기(관계 형성)　대화하는 중에 모르는 단어가 나오면, 그 뜻이 무엇인지 아이에게 물어보면 됩니다. 그러면 대부분의 청소년은 신나게 설명해 줍니다. 자신이 아는 것을 설명하는 것은 생각보다 즐거운 일이기 때문입니다. 또한 청소년도 존중받는다는 느낌을 얻습니다. 덧붙여 중고등부 학생 임원들을 대상으로 한 번씩 "요즘 아이들이 많이 쓰는 언어가 뭐야?", "요즘 아이들 트렌드가 뭐야?" 하고 물어보는 것도 방법입니다.

알아보기(공감대 형성)　아이들의 언어에 대해서 가끔씩 인터넷 검색창에 쳐보거나 연예면 기사를 살펴보는 방법도 있습니다. 이런 노력은 청소년과 공감대를 형성하는 데 큰 도움이 됩니다. 예를 들어 그 주 연예면에 어느 연예인의 스캔들 기사를 봤다면 아이들에게 "얘들아 혹시 그 연예인 소식 들어 봤니?", "너희들 어땠어?" 식의 공감대를 형성할 수 있습니다. 공감대 형성은 노력에 비례합니다.

이해하기

청소년과의 대화에는 라포 형성, 즉 신뢰 관계가 중요합니다. 서로 신뢰 관계가 형성될수록 대화는 더 솔직해지고, 깊어집니다. 반면에 라포 형성이 되지 않은 관계에서는 대화가 형식적이고 피상적일 수밖에 없습니다.

라포 형성은 서로를 이해하면서 만들어집니다. 제가 만난 청소년 아이들 중에서 유독 쌀쌀맞게 반응하는 여학생이 있었습니다. 대화를 시도할 때마다 저의 자존감이 낮아질 만큼 힘들었습니다. 그러나 그 친구를 이해하게 된 계기가 있었습니다. 가정에서 부모님이 아이를 강압적이고 폭력적으로 대한다는 것을 알게 되었습니다. 쌀쌀맞은 아이의 반응이 이해되었습니다. 제 안에 먼저 라포 형성이 일어났고, 이 진심이 결국 아이에게 전달되었습니다. 그래서 이 아이와 대화할 때는 포장할 필요가 없게 되었습니다.

저를 어렵게 대하는 남학생이 있었습니다. 대화를 시도할 때마다 거대한 벽을 마주한 것처럼 답답했습니다. 관찰해 보니, 이 친구는 또래가 아닌 어른에게 쑥스러워하는 성향이 있었습니다. 저를 피하고 어렵게 대하는 반응을 이해하게 되었습니다. 역시 제 안에 먼저 라포 형성이 일어났고, 진심이 전달되었습니다. 아이는 더 이상 저를 피하거나 어렵게 대하지 않습니다.

이처럼 아이들의 성향은 천차만별입니다. 대화가 상대적으로 쉬운 성향이 있고, 그렇지 않은 성향도 있습니다. 대화가 어려운 아이들도 그 입장을 이해하면 대화가 쉬워집니다. 왜냐하면 교사의 마음에 먼저 라포가 형성되기 때문입니다. 교사의 내면에서 라포 형성은 '상처 방지 쿠션'이 됩니다. 학생에게 지속적으로 다가갈 윤활유가 됩니다. 그리고 결국 진심이 통해 학생에게도 라포가 전달됩니다.

대화가 어려운 아이들은 이렇게 해보세요

시끄럽고 반항적인 아이 또래 아이들이 같이 있을 때보다 일대일로 만났을 때 대화하는 것이 더 유리합니다. 이런 유형의 아이들은 의리를 중요하게 생각하는 경우가 많습니다. 그래서 교사가 지갑을 통 크게 열어야 합니다. 자신을 위해 고기를 쏘는 교사에게는 의리를 지키게 되어 있습니다.

조용하고 소극적인 아이 일대일로 대화를 시도하기 전에 친한 또래 사이에서 만나는 것도 좋습니다. 쑥스러워하거나 낯을 가리는 경우가 많습니다. 함께 뛰어 노는 환경이나 재밌는 분위기를 만들어 주면 좋습니다. 예를 들어 또래들과 함께 영화를 보러 가거나 놀이동산에 갈 수 있습니다. 아니면 자필로 쓴 편지를 조용히 건네줘도 좋습니다. 그래도 입을 열지 않는다면 인내로 기다려야 합니다. 그 아이에게도 입을 열 시간이 필요하기 때문입니다.

청소년과 가까워지는 언어 vs. 멀어지는 언어

가까워지는 언어 (아이들의 해석)	멀어지는 언어 (아이들의 해석)
그럴 수 있지. (나도 그랬을 거야.)	난 너 같은 애들을 잘 알아. (내가 너보다 한 수 위야.)
괜찮아. (다시 시작하면 돼.)	넌 아직 어려. (내 말 들어.)
힘들었겠다. (참 잘 견뎠다.)	나도 너 같은 때를 다 겪었어. (너만 힘든 줄 알아?)
너를 믿는다. (누가 뭐래도 난 네 편이야.)	지금이 좋을 때야. (그만 징징대.)
그렇구나. (네 말에 일리가 있어.)	네가 사춘기라 그래. (넌 좀 정상이 아냐.)

청소년과의 대화를 망치는 3가지 실수

청소년과 대화를 열어 가는 채널이 있다면, 대화를 망치는 실수도 있습니다. 이 실수는 교사가 자각하지 못할 때가 많습니다. 교사 편에서는 선의로 한 말이지만, 받아들이는 학생 편에서는 마음이 어려울 수 있기 때문입니다.

옳고 그름을 따지기 물론 청소년에게도 옳고 그름을 가르쳐야 할 때가 있습니다. 하지만 대화는 다릅니다. 대화는 동등한 상태에서 나눠야 합니다. 그렇지 않으면 청소년은 훈계나 잔소리 정도로 듣습니다. 아래는 우리 주변에서 있을 법한 대화입니다.

청소년 A 쌤들! 저 친구가 정말 싫어요.

교사 A 그런 말 하면 못써. 교회에서 그런 말하면 어떡하니?

교사 B 쟤도 마찬가지일걸? 저 친구도 너를 썩 좋아하지 않을 거야.

교사 C 네가 먼저 양보해. 그게 이기는 거야.

교사 D 아, 그렇구나. 왜 싫은 건지 조금 더 말해 줄 수 있을까?

청소년 A의 말에 가장 옳은 교사의 말은 무엇일까요? 여기에서 옳고 그름을 찾는 것은 무의미합니다. 이 아이는 옳고 그름을 받아들일 수 있는 감정 상태가 아니기 때문입니다. 아이는 분명 교사 D의 말에 마음을 열었을 겁니다. 그리고 풍성한 대화로 이어졌을 가능성이 높습니다.

청소년과의 대화 중에 "그렇게 생각하면 안 되지", "네 잘못이야", "왜 그것밖에 생각을 못해"와 같은 가치 판단은 조심하는 것이 좋습니다. 선의가 제대로 전달되지 않을 수 있기 때문입니다. 꼭 해야 할 상황이라면 대화를 마치고 아이가 충분히 들을 수 있는 마음의 준비가 되었을 때 기회를 봐서 조심스럽게 꺼내야 합니다.

선입견과 편견 가지기 청소년에게 선입견과 편견을 가지고서는 온전한 대화를 할 수 없습니다. 누구보다 교사 자신이 알고, 학생이 압니다. 선입견과 편견이 대화를 가로막고 있다는 것을 말입니다.

해답을 제시하기 대화를 하는 청소년은 대부분 공감을 원합니다. 해답을 제시하는 것도 필요합니다. 하지만 꼭 필요할 때만 그렇습니다. 모든 대화에서 해답을 필요로 하지 않습니다. 공감이 필요합니다. 아래는 한 청소년과의 대화입니다.

청소년 B   쌤들! 저 여자친구(또는 남자친구)와 헤어졌어요.

교사 A   잘됐다. 이참에 공부나 열심히 해.

교사 B   힘내, 똥차 가고 새 차 온다(더 좋은 사람 만날 거야)!

교사 C   그럴 줄 알았어. 평소에 걔 느낌이 좀 별로였거든.

교사 D   아, 많이 힘들었겠다. 지금은 좀 견딜 만해? 치킨 뜯으면서 좀 더 얘기할까?

청소년 B의 말에 정답에 가장 가까운 교사의 말은 무엇일까요? 여기에 정답은 없습니다. 이 아이는 정답을 원한 것이 아닙니다. 아이는 분명 교사 D의 말에 위로를 받았을 겁니다.

청소년 코칭,
이렇게 해보실래요?

청소년과의 상담에 있어서 공감은 필수 요소입니다. 청소년과 상담을 하는 동안 공감을 해주면 80퍼센트 정도는 해결이 됩니다. 반대로 공감이 없으면 문제는 잘 해결되지 않습니다. 아래는 저의 실제 사례입니다.

공감 코칭

사례1 ― 청소년 A의 두려움

A는 가끔씩 '부모님이 돌아가시면 어떡하나' 하는 생각에 빠집니다. 심지어 부모님이 돌아가시는 악몽을 꾸기도 합니다. 그럴 때마다 삶이 허무하고 불안해집니다.

답변1 그래 맞아, 나라도 그런 생각이 들 때마다 삶이 허무하고 불안할 거 같아. ←… (공감) 하지만 이렇게 생각해 보면 어떨까? 그 일은 지금 당장 일어난 일이 아니잖니. 다만 확실한 것은 현재 네 옆에 부모님이 계신다는 거니까. 지금 부모님께 최선을 다하는 것에 집중해 보면 어떨까?

답변2 글쎄, 사람들 중에는 쓸데없는 공상에 잠기는 사람이 있는데, 지금 네가 그래. … (옳고 그름 판단) 하지만 이렇게 생각해 보면 어떨까? 그 일은 지금 당장 일어난 일이 아니잖니. 다만 확실한 것은 현재 네 옆에 부모님이 계신다는 거니까. 지금 부모님께 최선을 다하는 것에 집중해 보면 어떨까?

답변3 걱정하지 마렴. 네 부모님은 만약 돌아가셔도 더 좋은 천국에 가실 텐데 뭐가 걱정이니? … (정답 제시) 하지만 이렇게 생각해 보면 어떨까? 그 일은 지금 당장 일어난 일이 아니잖니. 다만 확실한 것은 현재 네 옆에 부모님이 계신다는 거니까. 지금 부모님께 최선을 다하는 것에 집중해 보면 어떨까?

공감 코칭 가이드 위의 세 답변 중에 어떤 답변이 최선으로 느껴지시나요? 세 답변 모두 궁극적으로 같은 말을 하지만 어떻게 시작하느냐에 따라 해석이 달라집니다. 공감은 상대방의 입장에 선다는 의미입니다. 답변1은 청소년의 입장에서 말하고 있습니다. 반면에 답변2와 답변3은 교사의 입장에서 말하고 있습니다. 청소년에게 가장 효과적인 상담과 코칭은 공감에서 시작해야 합니다. 청소년은 자신의 입장이 충분히 존중되는 분위기에서 마음을 열기 때문입니다. 아이러니하게도 답변1을 통해 청소년은 옳고 그름을 가리게 되고, 스스로 답을 찾아가게 됩니다. 이처럼 공감 코칭은 앞에서 끌고 가는 것이 아니라 뒤에서 밀어 주는 코칭입니다.

감정 코칭

사례2 — 청소년 B의 반항적인 태도

B는 청소년부 활동 중에 지속적으로 반항적인 태도를 보입니다.
이 학생의 입에는 '재미없어', '짜증나', '왜 이래라저래라야'라는 말이 붙어 있습니다.
함께 어울려야 하는 또래들에게는 부정적인 말로 분위기를 흐리고,
따라야 하는 교사들에게는 신경질적으로 반항하고 있습니다.

답변1 (무리에서 개인적으로 불러내어 조용한 방에서 독대한다) ⋯
(장소) ○○아, 많이 짜증났겠다. 나름 기대하고 왔을 텐데 지루하고
귀찮았지? ⋯ (공감) 우리도 최대한 즐거운 시간이 되기를 바라는
마음으로 준비했는데 네가 느끼기엔 많이 부족했던 것 같아. 이해해 줄
수 있겠니? ⋯ (사실과 느낌의 분리) 참, 그리고 부탁 하나만 해도 될까?
선생님들과 친구들이 네 말과 행동에 영향을 받는 것 같아. '재미없어',
'짜증나', '왜 이래라저래라야'라고 말하고 싶겠지만 조금만 참아줄 수
있을까? ⋯ (행동 제한)

답변2 (공개적으로 B 학생을 콕 집어서) ⋯ (장소) ○○아, 공동체에서
그렇게 하면 돼, 안 돼? ⋯ (옳고 그름) 계속 그렇게 하면 열심히 준비한
선생님들 성의를 무시하는 거고, 잘 참여하는 친구들을 방해하는 거야.
계속 그렇게 말하고 행동하면 이기적인 사람인 거야.

답변3 (공개적으로 B를 콕 집어서 나오라고 한 뒤에 조용한 방에서
독대한다) ⋯ (장소) ○○아, 넌 지금 짜증이 굉장히 많이 나 있어. 사람은
자고로 자신을 다스릴 수 있어야 해. ⋯ (정답 제시) 스스로 다스리기

130

어렵다면 너 혼자 징징대지 말고 주위 선생님들에게 도움을 구해.

감정 코칭 가이드　감정 코칭에는 **장소**가 고려되어야 합니다. 대상자를 무리에서 은밀하게 불러내서 독대할 수 있는 장소로 이동해야 합니다. 왜냐하면 청소년은 주위의 시선에 예민하기 때문입니다. 답변2처럼 공개적인 장소에서 말하는 것은 감정 코칭이라기보다는 감정 비난에 가깝습니다. 답변3 또한 오픈된 장소에서 지목당한다는 점에서 크게 다르지 않습니다. "감정 코칭은 감정을 있는 그대로 자연스럽게 이해하고 받아들이되, 감정을 표현하는 방식인 행동에는 명확한 한계를 두고, 그 안에서 좀 더 바람직한 방향으로 이끌어 주는 것입니다."[6] 답변1에서처럼 청소년의 감정을 있는 그대로 **공감**하되, 아이의 **느낌과 사실을 분리**해 줘야 합니다. 자신의 감정을 객관적으로 들여다볼 수 있게 하기 때문입니다. 더불어 **행동을 제한**해 줘야 합니다.

관계 코칭

사례3 ― 청소년 C의 관계

C는 같은 반의 한 친구와 사이가 좋지 않습니다. 그 친구에 대한 좋지 않은 감정으로 인해 작은 말과 행동에도 상처를 받고 화를 내게 됩니다. 최근에는 사소한 일로 상처를 받고 대화를 하지 않게 되었습니다. 이것으로 인해 공부에도 잘 집중이 되지 않습니다.

답변1　많이 힘들었겠다. 관계가 깨어지는 아픔은 당사자만이 아는 고통이지. ┅ (공감) 그 친구와 사이가 좋지 않게 된 이유가 뭐였을까? ┅ (질문) 그런데 넌 그 친구의 어떤 점이 가장 마음에 안 들어? ┅ (질문) 그 친구는 너의 어떤 점이 마음에 안 들었을까? ┅ (질문) 하나님은 네가 어떻게 하길 바라실까? ┅ (하나님 초점 질문) 하나님이 두 사람이 회복되길 원하신다면 넌 어떤 것을 양보해야 할까? ┅ (질문) (이어지는 열린 질문)

답변2 많이 힘들었겠다. 그런데 두 사람의 문제는 항상 일방통행이 아니라 양방통행이야. 그 친구만이 아니라 너에게도 문제가 있을 수 있다는 것이지! ┅ (옳고 그름) 성경에도 남을 판단하기 전에 자신을 먼저 돌아보라고 말씀하고 계셔.

답변3 많이 힘들었겠다. 하지만 그 친구와 싸워서 너한테 좋을 것 하나도 없어. 그냥 무시해 버려. ┅ (정답 제시) 관계가 어려워서 에너지를 소비할 바에는 다른 좋은 친구에게 집중하는 것도 방법이야.

관계 코칭 가이드 관계의 답은 대부분 자신 안에 있는 경우가 많습니다. 왜냐하면 특수한 경우를 제외하고 관계는 주관적이기 때문입니다. 자신의 감정과 시선을 중심으로 상대방에게 투사하고 해석합니다. 그래서 최대한 자신을 객관적으로 보도록 도와야 합니다. 그 방법은 답변1과 같이 관계에 관한 **질문**을 던지는 것입니다. 중요한 것은 **하나님 초점 질문**을 통해 궁극적으로 하나님의 시선으로 관계를 바라보도록 초점이 모여야 합니다. 하나님의 뜻이 무엇인지 스스로 생각하도록 질문을 던져서 자신을 객관화하게 합니다. 관계의 상처는 수신자 부담일 때가 많습니다.

받지 않아도 될 상처를 받기도 하고, 받을 수 있는 상처를 받지 않을 수도 있기 때문입니다. 자신을 객관화하도록 돕고 하나님의 시선으로 보도록 하는 것이 중요합니다.

청소년 신앙 코칭

사례4 — 청소년 D의 신앙

D는 모태신앙 청소년입니다. 그리고 초중고 모두 기독 학교에 다녔습니다. 하나님의 존재가 너무 당연했습니다. 그러나 어느 순간 하나님의 존재에 의심이 생겼습니다. 이제까지 당연하게 믿던 것들이 허상일 수도 있다는 생각에 마음이 잡히질 않습니다.

답변1 괜찮아, 그런 생각이 들 수 있어. ⋯ (공감) 믿음은 너와 하나님의 인격적인 관계에서 나오는 거야. 그 안에서 묻고, 기도하고, 알아 가면 좋겠다. 다만 네가 진짜 믿음을 가지기 바란다면 예배의 자리를 벗어나지 않았으면 해. ⋯ (울타리 만들어 주기) 왜냐하면 믿음을 가진 자가 예배를 드리지만, 예배의 자리에서 하나님이 믿음을 주시거든. 말씀과 기도로 함께 하나님을 알아 가자. ⋯ (동행)

답변2 믿음에 대해 의심하는 것은 옳지 않아! ⋯ (옳고 그름) 그건 하나님 앞에 두 마음을 품는 거야. 그러면 결국 너만 손해야.

답변3 그럴 땐 기도해야 되는 거야. ⋯ (정답 제시) 솔직히 말해 봐. 너 요즘 기도 안 하지? 성경 안 읽지? 예배 때 집중 안 하고 있지? 거봐!

그런 생각 드는 것이 당연하지.

신앙 코칭 가이드 청소년은 신앙에 대해 내면의 갈등을 겪습니다. 내색하지 않을 뿐입니다. 누군가에게 입을 열고 말한다는 것은 엄청난 갈등과 고민 끝에 나오는 행동입니다. 청소년이 답변2와 답변3의 내용을 모르는 것이 결코 아닙니다. 머리와 가슴의 거리가 메꿔지지 않기 때문에 갈등을 겪는 것입니다. 또한 청소년이 믿음에 대해 갈등하는 것은 믿음을 가지기 위함이지 저버리기 위함이 아닙니다. 이렇게 볼 때 답변2와 답변3은 옳은 말이지만 적절한 말은 아닙니다.

청소년의 신앙 코칭에는 무엇보다 **공감**이 필요합니다. 믿음을 위한 의심은 괜찮다는 안심을 심어 줍니다. 이 의심 또한 위험성을 가지고 있습니다. 의심 때문에 방황이나 회의에 빠질 수 있습니다. 적당한 방황과 회의는 필요하지만 때로는 그 자체가 목적이 될 수 있습니다. 그래서 정확한 울타리를 쳐줘야 합니다. 어느 선 이상을 넘어가지 않도록 하는 코칭입니다. 그런 의미에서 답변1은 세 가지 면에서 모범적입니다. 먼저 **공감**을 해줍니다. **울타리 만들어 주기**를 통해서 은혜의 지대를 벗어나지 않도록 해줍니다. **동행**한다고 약속함으로써 신앙의 길은 혼자가 아니라 함께 걷는 길임을 알려 줍니다.

청소년 중독 코칭

사례5 — 청소년 E의 중독

E는 음란물 중독이라는 생각이 들 만큼 포르노 영상을 가까이합니다.
영상에 과도하게 집착하여 일상생활이 어렵습니다. 끊어 보려고 하지만 쉽지 않습니다.

답변1 그럴 수 있지. 많은 사람들에게 끊어 내기 어려운 유혹인 것 같아.
⸬ (공감) 중독이 실은 하나님을 찾는 몸부림이라는 생각을 해볼 수 있어.
이런 말 들어본 적 있니? '환락가를 찾는 사람은 실은 하나님을 찾는
것이다'라는 말. 많은 사람들은 저마다 결핍을 가지고 있는데 그것을
채우기 위해 쾌락을 선택하지. 그 결핍을 완전히 채워 주시는 분은
하나님밖에 없어. 하나님 외에 다른 육체적 쾌락은 그림자에 불과한 거지.
사람들은 그것을 모르고(혹은 알려고 하지 않고) 눈앞의 쾌락만 쫓는
거야. 그림자만 쫓는 삶은 허무하고 절망적일 수밖에 없어. 너의 결핍이
무엇인지 함께 고민해 볼까? ⸬ (결핍 알아보기) 그리고 그 결핍은 오직
하나님만이 채울 수 있다는 것을 인정하는 것으로 시작해 보자.

답변2 포르노 때문에 일상생활이 어려울 정도면 얼마나 자주 보는
거야? 그것도 하나의 선택이라면, 포르노는 결코 좋은 선택이 아냐!
⸬ (옳고 그름) 하나님이 얼마나 슬퍼하시겠니?

답변3 그럴 수 있지. 내가 방법을 알려 줄게! ⸬ (정답 제시) 그런
생각이 들면 야외로 나가서 지칠 때까지 땀 흘리고 운동해 봐. 그럼 집에
돌아왔을 때 영상을 볼 힘이 없을 거야.

중독 코칭 가이드   중독을 극복하기 위해서는 마음과 행동, 두 가지가 모두 변해야 합니다. 그런 점에서 답변1, 답변2, 답변3 모두 올바른 대답입니다. 그러나 우선순위를 논한다면 마음의 변화가 먼저입니다. 마음의 변화가 행동의 변화를 낳기 때문입니다. 그런 점에서 답변1이 모범적입니다. **공감**과 함께 **결핍 알아보기**를 통해서 자신의 마음을 객관적으로 들여다보고 결핍을 마주하도록 하기 때문입니다. 이어서 행동에 대해서도 분명한 한계를 지어 줘야 합니다. 자신의 눈으로 보는 것이 마음에도 영향을 미치기 때문입니다. 중독을 유발하는 환경을 피할 수 있는 방법을 함께 고민해야 합니다. 무엇보다 중요한 것은 기도입니다. 자신의 힘으로는 결코 해결할 수 없음을 알고 주님 앞에 부르짖어 간청하도록 해야 합니다. 중독은 종류에 따라, 정도에 따라 전문가의 도움이 필요할 수 있습니다. 신뢰할 만한 전문가를 주선해 주는 것도 방법입니다.

이때 모든 과정과 내용을 철저하게 비밀로 지켜 주는 것이 중요합니다. 그러나 자신을 해하거나 다른 사람을 위험에 빠뜨릴 수 있는 경우에는 비밀을 깨야 합니다.

청소년 소그룹,
이렇게 해보실래요?

청소년의 눈을 사수해야 합니다

청소년 교사에게 중요한 사명이 있다면, 청소년의 눈을 바꿔 주는 것입니다. 눈이 바뀌면 보이는 것이 달라지고 생각하는 것도 달라집니다. 자연스럽게 행동의 변화도 뒤따릅니다. 반대로 행동만을 바꾸려고 시도하면 변화가 일어나기보다 상처와 갈등이 생깁니다. 그래서 청소년의 눈을 바꾸는 일이 중요합니다.

세상을 보는 눈으로는 크게 망원경과 현미경이 있습니다. 망원경은 멀리 있는 것을 가까이서 보게 합니다. 별의 실제 크기는 아주 큽니다. 거리상 너무 멀리 떨어져 있어 우리에게 작게 느껴질 뿐입니다. 망원경은 이 별을 최대한 크고 가깝게 보여 줍니다. 반대로 현미경이 하는 일은 실제를 부풀려서 보여 줍니다. 미생물의 실제 크기는 아주 작지만 현미경으로 보면 굉장히 크게 느껴집니다.

오늘날 청소년들은 현미경의 세상을 살고 있습니다. 돈, 섹스, 권력을 부풀려서 봅니다. 각종 미디어는 이 세 가지를 아주 매력적으로 묘사합니다. 반대로 이 중 하나라도 가지지 못하면 실패한 인생이라는 메시지를 선전합니다. 이런 세상에서 하나님은 너무나 작게 느껴질 수밖에 없습니다.

존 파이퍼는 망원경으로 살아야 한다고 말합니다. 그가 말하는 망원경은 성경입니다.[7] 성경이라는 눈으로 세상을 볼 때 두 가지 일이 동시에 일어납니다. 세상에서 한없이 작게 보이는 하나님을 더 크고 가깝게 보게 됩니다. 동시에 세상에서 부풀려진 미생물들을 있는 그대로 작게 보게 됩니다.

청소년과 함께하는 소그룹 시간은 성경의 눈으로 보는 시간입니다. 하나님 말씀이라는 망원경으로 우리의 작음을 보고, 하나님의 크심을 발견하는 시간입니다. 소그룹은 우리가 끝까지 포기하지 않고 사수해야 할 진지입니다.

청소년 소그룹을 위한 기술 1 — 분명한 메시지

성경은 다윗이 이스라엘을 어떻게 지도했는지를 다음과 같이 묘사합니다.

이에 그가 그들을 자기 마음의 완전함으로 기르고 그의 손의
능숙함으로 그들을 지도하였도다.
시 78:72

이스라엘을 돌보는 다윗에게는 마음의 완전함과 손의 능숙함이 있었습니다. 소그룹을 돌보는 교사도 마찬가지입니다. 청

소년을 사랑하는 마음과 능숙하게 지도하는 기술이 필요합니다.

소그룹을 운영하는 데 필요한 기술은 분명한 메시지입니다. 청소년 소그룹에는 핵심이 있어야 합니다. 소그룹이 끝나고 아이들이 가정으로 돌아갔을 때 부모님이 소그룹에 대해 묻는다고 가정해 봅시다(가정 예배를 드리는 집은 많은 경우 청소년 설교와 소그룹 내용에 대해 물어봅니다).

부모님 오늘 소그룹 시간에 뭐 배웠어?

청소년 자녀 "_____."

만약 자신이 담당하고 있는 소그룹 아이가 대답한다면, 빈 칸 안에는 어떤 답변이 나올까요? 혹시 침묵이나 "몰라요"와 같은 답변이 나올 것 같다면, 가르친 교사 스스로도 빈 칸의 내용을 기억하지 못할 가능성이 높습니다. 왜냐하면 명확한 포인트가 없기 때문입니다. 소그룹 시간에 가르치고자 하는 내용이 명확하면 할수록 교사와 청소년들에게 오래 기억됩니다. 반면에 초점이 분산되고 흐릴수록 금방 사라지게 됩니다.

초점의 명확성은 가지치기에서 시작됩니다. '많은 것을 알려 주겠다는 마음'은 마음만으로 충분합니다. 소그룹에서 가르치고자 하는 메시지는 하나여야 합니다. 다양한 메시지를 나눌 수 있지만 궁극적으로 핵심 포인트를 향하도록 해야 합니다. 그리고 이 핵심 메시지를 반복적으로 노출시켜야 합니다. 이를 위해서 소그룹을 인도하기 전에 다음의 내용을 정리해 보는 것도 도움이 됩니다.

오늘 소그룹에서 만나는 하나님은

어떤 일을 하셨고 (과거)

어떤 일을 하고 계시고 (현재)

어떤 일을 하실 것인가? (미래)

↓

답변을 한 문장으로 요약 = 핵심 메시지

핵심 메시지는 '하나님의 스토리'이지, '사람의 스토리'가 아닙니다. 신앙은 하나님의 큰 스토리에 우리의 작은 삶의 스토리가 참여하는 것이기 때문입니다. 마치 하나님이 기획하시고 만들어 가시는 거대한 작품의 한 부분이 되는 것과 같습니다. 부분이라고 해서 가치가 떨어지지 않습니다. 이 세상 최고의 작가이신 하나님의 작품에 동참하는 일입니다.

하나님의 일하심이 한 문장으로 요약된 핵심 메시지는 자동으로 청소년에게 적용점을 안겨 줍니다. 하나님이 하시는 일에 청소년들이 동참하는 것입니다. 예를 들어 소그룹의 핵심 메시지가 다음과 같을 수 있습니다.

하나님은 예수님을 통해 구원의 길을 여셨고,

지금도 구원의 길을 위해 일하시고,

앞으로도 구원받을 자들을 위해 일하실 것이다.

이 핵심 메시지를 중심으로 청소년 각자에게 질문을 제시할 수 있습니다. "네가 어떻게 하나님의 이 일에 동참할 수 있을까?" 이 답변이 서로에게 적용점이 될 수 있습니다. 다음과 같이 말입니다.

> **학생 A**　나는 교회를 다니지 않는 내 친구(또는 가족) ○○을 위해 기도할 것이고, 복음을 소개할 것이다.
>
> **학생 B**　나의 삶이 하나님의 복음을 가리지 않도록 ○○을 하는 것을 멈출 것(또는 절제)이다.
>
> **학생 C**　매일 저녁 10시마다 ○○지역에 계시는 선교사님을 위해 기도할 것이다.

핵심 메시지를 준비하는 과정은 쉽지 않을 수 있습니다. 그러나 꼭 필요한 일입니다. 소그룹 안에서 메시지가 분명할수록 삶으로까지 이어지기 때문입니다. 만약 소그룹을 그날의 설교 메시지로 인도한다면 설교자에게 미리 '설교의 핵심 메시지'를 받는 것이 좋습니다. 적용점도 미리 고민해 보고 여러 선택지를 청소년과 나누는 것도 방법입니다.

청소년 소그룹을 위한 기술 2 ― 듣기

소그룹에서는 **듣는 것**이 최우선이어야 합니다. 소그룹 인도 방법을 알려 주는 책이나 강의에 꼭 빠지지 않고 등장하는 단어가 있습니다. 바로 '경청'입니다. 풍성한 소그룹일수록 그 안에는 듣기는 속히 하고 말하기는 더디 하는 교사가 있습니다. 반면에 빈약한 소그룹에는 경청하기보다 말하기를 속히 하는 리더가 있습니다. 소그룹의 성패는 경청에 있습니다.

다른 소그룹보다 청소년을 대상으로 하는 소그룹은 듣는 것에 최우선순위를 두어야 합니다. 'Less is more'라는 말 그대로, 청소년들은 적게 말하고 많이 들어 주는 것에 끌리기 때문입니다. 한 주간 청소년들은 누군가의 말을 듣는 데 이골이 나 있습니다. 가정에서는 주로 어른의 말을 듣습니다. 교실에 앉아서는 종일 교사의 말을 듣습니다. 심지어 교회를 와도 마찬가지입니다. 많은 청소년들의 인식에는 '어른 = 말하는(또는 말이 많은) 사람'이라는 도식이 새겨져 있습니다. 하지만 또래는 그렇지 않습니다. 또래 집단은 들어 주는 공동체이기 때문입니다. 자신의 마음과 고민을 털어놓을 때 친구는 들어 줍니다. 이것이 청소년이 또래 집단에 의존도가 높은 이유입니다. 이기복 교수는 경청의 태도를 설명하면서 다음과 같이 정리했습니다.[8]

· 말하는 상대방의 눈을 봅니다.

· 상대의 이야기를 진심으로 듣습니다.

· 서두르거나 재촉하지 않습니다.

· 판단이나 선입견을 가지지 않습니다.

· 다음 할 말을 미리 생각하지 않습니다.

· 다음과 같은 피드백의 표현을 사용합니다.

"그렇구나!" "그랬어?" "정말?" "어머나" "저런" "응응"

"세상에" "엄청 속상했겠다!" "정말 화났겠다!"

위에 따르면 경청의 태도에는 다음의 두 가지가 녹아 있다
는 것을 알 수 있습니다.

경청 = 관심과 용납

청소년 소그룹 교사로서 들을 수 있으려면 아이들에 대한
관심과 용납하는 마음이 있어야 합니다. **관심**은 아이들의 생각과
의견을 진심으로 궁금해하는 것입니다. 만약 어떤 사람이 궁금
하다면 그 사람에게 주파수를 맞추게 됩니다. 귀를 기울이고 눈
을 맞춥니다. 이해가 되지 않거나 더 궁금한 일이 있으면 재차
질문하게 됩니다. 진심으로 반응하고 격려해 줍니다.

용납은 조건을 극복하는 마음입니다. 그 아이가 능동적이거
나 수동적이거나, 협조적이거나 비협조적이거나, 호감이거나 비
호감이거나 상관없이 소그룹에 꼭 필요한 존재라는 인식으로 대
하는 마음입니다. 이 마음은 교사로 기다릴 수 있게 하고, 인내
할 수 있게 합니다. 소통의 물꼬를 트게 하는 계기가 됩니다.

관심과 용납이 있다면 아이의 말(또는 침묵)에 담긴 마음의 소
리까지 읽을 수 있게 됩니다. 반면에 이 두 가지가 없다면 듣기
보다는 말하게 됩니다. 한 사람만 말하고 다른 사람들은 듣기만
하는 소그룹은 흥미를 잃게 만듭니다.

소그룹에서 관심과 용납을 보이는 표현
· 왜 그런 것 같아?
· 그런 생각을 할 수 있었다니, 너무 놀랍다. 대단해!

· 이런 건 어떻게 생각해?

· 그건 무슨 뜻이야? 조금 더 말해 줄 수 있을까?

· 괜찮아, 너도 우리 소그룹의 소중한 일원이야!

· 나 같아도 똑같이 생각(또는 행동)했을 것 같아.

· 그 부분에서는 내 생각보다 네 생각이 옳은 것 같아.

청소년 소그룹을 위한 기술 3 — 질문하기

소그룹의 윤활유 역할을 하는 것은 질문입니다. 어떤 질문을 하는가에 따라 소그룹 분위기가 좋아질 수도 있고, 경직될 수도 있습니다. 좋은 질문은 소그룹의 분위기를 한층 더 부드럽게 이끌어 내는 기술입니다.

열린 질문하기 소그룹이 경직되는 이유 중에 하나는 질문이 닫혀 있기 때문입니다. 닫힌 질문은 상대방이 단답을 하게 합니다. 닫혀 있는 질문에 돌아오는 대답은 "네", "아니요"와 같은 긍정과 부정이나 "○○이요!"와 같은 단답입니다. 요셉 이야기(창세기 37장)를 예로 들면 다음과 같습니다.

· 요셉이 17세의 소년이었지?

· 요셉이 형들에게 꿈을 말한 건 잘한 일일까?

· 야곱은 아들 요셉을 위해 어떤 옷을 지었지?

· 형들은 요셉을 잡아 어디에 던졌지?

· 요셉은 누구의 종으로 팔렸지?

답을 유도하거나 정답 맞추기식의 닫힌 질문은 소그룹의 분위기를 딱딱하게 합니다. 물론 이런 질문을 던질 수 있습니다. 그러나 닫힌 질문이 주된 흐름이 되어선 안 됩니다. 이렇게 질문을 했더라도, 이어서 열린 질문으로 마무리되어야 합니다. 예를 들어 "어떻게 생각해?", "왜 이렇게 기록되었을 거라 생각해?" 같은 질문으로 이어져야 합니다. 다음은 같은 요셉 이야기로 구성된 열린 질문입니다.

· 요셉은 왜 17세부터 소개될까?
· 형들이 요셉의 꿈 이야기를 들으면서 어떤 기분이 들었을까?
· 야곱이 여러 아들들보다 요셉을 사랑한 이유가 무엇이었을까?
· 형들이 요셉을 구덩이로 던질 때 어떤 기분이었을까?
· 요셉이 보디발에게 팔려갈 때 어떤 생각을 했을까?

답이 정해져 있는 닫혀 있는 질문과는 달리 열린 질문은 답이 다양할 수 있습니다. 그만큼 학생들이 소그룹에 동참할 수 있는 여지가 열린 셈입니다. 질문을 받았을 때 고민과 생각의 여백을 줄 수 있습니다. 사실적인 내용만이 아니라 등장인물의 느낌이나 생각, 감정 등을 물어볼 수 있습니다. 교사는 학생들의 다양한 답을 듣고 내용을 정리해 줘야 합니다.

더 열린 질문하기 열린 질문에 대한 청소년들의 답변을 가지고 더 열린 질문으로 이어 갈 수 있습니다. 더 열린 질문을 통해 개인적으로 깊이 있게 성찰할 수 있을 뿐만 아니라 소그룹 전체가 함께 고민할 여백이 만들어집니다. 이 질문 후에도 학생들의 답변을 경청하고 성경적으로 매듭을 지어 줘야 합니다.

더 열린 질문	유형
· 그것이 너(또는 가족 누군가)였다면 어땠을까? · 그 일에 대해서 어떻게 생각해? · 너에게도 이런 비슷한 경험이 있니?	개인적으로 고민해 볼 수 있게 하는 질문
· 이렇게 생각해 보면 어떨까? · 반대 상황이었다면 어땠을까? · 혹시 이렇게 되지 않을 수 있었을까?	다른 관점에서 고민해 볼 수 있게 하는 질문
· 혹시 비슷하게 생각한 사람 있을까? · 혹시 다르게 생각하는 사람 있을까? · 다른 사람은 어떻게 생각해?	다른 사람도 생각해 볼 수 있게 하는 질문

거꾸로 질문하기 청소년 교사에게 가장 이상적인 소그룹은 '거저먹는' 소그룹입니다. 이것은 열린 질문으로 가능합니다. 핵심 메시지가 준비되어 있고, 열린 질문을 가지고 청소년 스스로 고민하게 하는 소그룹이 된다면 교사가 처음부터 끝까지 통제하거나 이끌 필요가 없습니다. 이를 위해 '거꾸로 질문'을 활용할 수 있습니다. 예를 들어 주어진 본문을 읽고 스스로 질문을 만들어 보게 하는 것입니다. 이때 만들어진 질문은 교사가 바로 답을 해주기보다는 다른 사람들이 답변하도록 열어 둬야 합니다. 그러면 개인의 질문이 아니라 모두의 질문이 됩니다.

거꾸로 가르치는 것도 활용할 수 있습니다. 주어진 본문을 충분히 읽을 시간을 제공해 주고, 특정한 사람이 본문의 이야기를 요약해서 모두에게 설명하도록 합니다. 또는 모든 학생들이 꼬리 물기 방식으로 함께 이야기를 완성할 수 있습니다. 요셉 이야기를 예로 들면, 다음과 같습니다.

순서	성경 본문 내용
학생 A	요셉은 다른 형제보다 아버지의 사랑을 더 많이 받았어요.
학생 B	요셉이 아버지와 형들에게 자신의 꿈을 말했어요.
학생 C	요셉의 꿈을 들은 형들은 요셉을 시기했어요.
학생 D	형들은 요셉을 잡아서 미디안 상인들에게 팔았어요.
학생 E	요셉은 애굽 바로의 신하 보디발에게 팔려 갔어요.

청소년 소그룹을 위한 기술 4 ─ 너도 나처럼

소그룹 아이들에게 가장 설득력 있는 말은 '너도 나처럼'입니다. 누군가에게 어떤 것을 소개할 때 세 가지 방식이 있습니다. 먼저는 책을 보고 연구해서 알려 주는 방식입니다. 이때는 "그 책에 따르면 그렇다더라"라고 소개합니다. 두 번째는 누군가의 말을 듣고 알려 주는 방식입니다. 이때는 "그 사람에 따르면 그렇다더라"라고 말합니다. 세 번째는 직접 경험하고 알려 주는 방식입니다. 이때는 "내가 해보니 이렇더라"라고 말합니다. 말에 실리는 힘은 세 번째가 가장 강할 것입니다. 듣는 사람도 세 번째 말에 가장 신뢰가 갈 것입니다.

청소년들에게 큐티나 기도의 중요성을 강조할 때 가장 설득력 있는 말은 "너도 나처럼"입니다. "내가 큐티를 해보니", "내가 성경을 읽어 보니", "내가 기도를 해보니" 이런 저런 유익이 있었다는 말만큼 설득력 있는 전달법이 없습니다(물론 이 방식도 지나치면 역효과를 가져다 줄 수 있습니다). 소그룹 청소년들은 교사가 경험한 만큼 보게 됩니다. 가끔씩 교사의 성공 사례만이 아니라 실패 사례를 오픈하는 것도 좋습니다. 그 실패를 어떻게 극복했는지(과거), 어떻게 극복하고 있는지(현재)를 나누는 것도 아이들에게 도움이 됩니다. 그런 의미에서 소그룹 시간을 통해 교사 자신의 삶과 아이들의 삶을 나누고 기도하는 것이 좋습니다.

청소년 소그룹을 위한 기술 5 ― 복음으로 해석하기

청소년은 의미를 찾습니다. 아무리 중요하고 심각한 이야기라도 자신에게 의미가 없으면 동기부여가 되지 않습니다. 소그룹을 통해 복음으로 청소년의 삶을 해석해 줄 필요가 있습니다. 소그룹 시간 동안 복음이 아닌 종교를 배우게 하고, 종교로 삶을 해석해 준다면 디딤돌이 아닌 걸림돌을 놓는 것입니다. 그래서 교사는 먼저 복음을 공부해야 하고, 복음으로 삶을 해석하는 연습을 이어 가야 합니다. 다음 페이지에 정리해 놓은 복음과 종교의 차이점[9]을 참고할 수 있습니다.

소그룹은 청소년들의 눈을 바꿔 주는 시간입니다. 성경을 통해 종교가 아니라 복음으로 보는 눈을 길러 줘야 합니다. 청소년의 현실을 복음으로 해석해 주는 것은 복음적인 삶으로 이어 주는 디딤돌이 됩니다.

종교	복음
하나님은 순종하면 나를 사랑하실 것이다.	하나님이 나를 이미 사랑하셨으므로 순종한다.
순종하는 이유는 두렵고 불안하기 때문이다.	순종하는 이유는 감사하고 기쁘기 때문이다.
순종하는 이유는 하나님께 대학 합격이나 좋은 직장을 받기 위해서다.	순종하는 이유는 하나님을 더 알기 위해서다. 그리고 하나님을 기뻐하고 닮아가기 위함이다.
내 뜻대로 되지 않을 때, 하나님이나 자신에게 화를 낸다. 믿음이 좋은 사람일수록 일이 잘 풀려야 한다고 생각한다.	내 뜻대로 되지 않을 때, 씨름한다. 이것은 저주가 아니라 훈련이며, 이 훈련의 시간을 통해 은혜를 경험하게 하실 것이다.
친구나 가족에게 인정받지 못할 때, 분노와 함께 마음이 무너진다. 나는 '좋은 사람'이라는 평판이 중요하기 때문이다. 나의 이미지에 해가 되는 것은 조금도 없어야 한다.	친구나 가족에게 인정받지 못할 때, 씨름한다. 내가 다른 사람에게 '좋은 사람'으로 보일 필요는 없다. 나의 정체성은 내가 얼마나 우월한가보다 하나님이 나를 얼마나 사랑하시는가에 있다.
기도는 주로 'ㅇㅇ을 해달라'는 시간이다. 무언가 필요가 생길 때 열정으로 기도한다. 기도하는 이유는 나의 상황을 잘 통제하기 위함이다.	기도는 주로 찬양과 경배의 시간이다. 기도하는 이유는 하나님과 인격적인 교제를 나누기 위함이다.
자아 정체성은 두 극단 사이를 오간다. 내가 결심한 대로 지낼 때는 자신감이 생긴다. 실패하는 친구들을 보면 점점 교만해지거나 무심해진다. 내가 결심한 대로 지내지 못할 때는 실패자로 느껴져 자신감이 떨어진다.	자아 정체성은 내가 결심한 것을 얼마나 잘 지키는가에 있지 않다. 그리스도 안에서 나는 의인인 동시에 죄인이다. 나는 그리스도가 대신 죽으셔야 할 만큼 나쁜 죄인이지만 나를 위해 그리스도가 기쁘게 죽으실 만큼 사랑받았다. 이 사실만으로도 더 깊은 겸손과 자신감을 갖게 된다.
자존감은 나의 성적(실력)이 얼마나 우월한가나 품행이 좋은가에 있다. 나는 성적(실력)이 나쁘거나 품행이 안 좋은 친구들을 무시한다.	자존감은 나를 위해 죽으신 예수 그리스도에 있다. 나는 100퍼센트 은혜로 구원받았기에 나와 다른 친구들을 무시할 수가 없다.

다양한 소그룹 유형별 귀띔

소그룹 분위기	아이들의 성향	방법
전체적으로 침체됨	반응이 없는 아이들	친밀함

침체된 소그룹　소그룹 분위기가 전체적으로 다운되어 있고, 아이들의 반응이 미비하다면 가장 먼저 심리적 거리감을 좁혀야 합니다. 교사와 아이들, 아이들 사이의 거리를 좁히려고 노력할 필요가 있습니다. 초기에는 친교에 몰입합니다. 소그룹 시간과는 별도로 만나 교제(식사, 티타임)를 나누고, 외부 활동(작은 여행, 영화, 운동)을 할 수 있습니다. 이때는 소그룹 아이들 전원이 참석하지 못해도 괜찮습니다. 참석 가능한 아이들만이라도 모여야 합니다. 그 안에서 관계의 역동이 일어나면 소그룹 분위기에 긍정적인 전환을 가져올 수 있습니다.

소그룹 분위기	아이들의 성향	방법
정신이 없음	산만한 아이들	약속

산만한 소그룹　소그룹 분위기가 시끌벅적함을 넘어 정신이 없을 지경이라면 질서를 잡을 필요가 있습니다. 우리 소그룹만의 원칙을 세우는 것입니다. 다만 교사가 일방적으로 원칙을 세워서 강요하는 것은 지양해야 합니다. 별 효력이 없기 때문입니다. 소그룹 아이들과 함께 약속을 세우는 것이 좋습니다. '우리가 해야 할 최소한의 것'(긍정형), '우리가 하지 말아야 할 최소한

의 것'(부정항)에 대해 아이들이 직접 참여하여 함께 고민할수록 좋습니다. 이 약속들을 유지하기 위한 동기부여로 정죄와 책망보다는 격려와 상(소소한 선물)을 활용하면 효과가 나타납니다.

소그룹 분위기	아이들의 성향	방법
어수선함	다양한 아이들	강점

어수선한 소그룹 소그룹 아이들이 다양하게 구성될 수 있습니다. 믿음에 반응이 있는 아이들과 없는 아이들이 있고, 적극적인 아이들과 소극적인 아이들이 함께 있을 수 있습니다. 능동적인 아이에게 포커스를 맞출 수 있고, 수동적인 아이에게 포커스를 맞출 수 있습니다. 전자는 분위기를 역동적으로 만드는 반면에 수동적인 아이들이 심하게 소외될 수 있습니다. 후자는 수동적인 아이들이 심한 소외를 겪지 않는 반면에 전체적인 분위기가 다운될 수 있습니다. 두 가지 모두 장단점이 뚜렷합니다.

이런 경우, 교사의 강점에 따라 이끌어 가면 도움이 됩니다. 이 유형의 소그룹은 교사 내면의 여유에 큰 영향을 받기 때문입니다. 교사의 강점이 쾌활함에 있다면 능동적인 아이들에게 초점을 맞추고, 교사의 강점이 세심함에 있다면 수동적인 아이들에게 초점을 맞추는 방법입니다. 다시 말하지만 교사의 여유가 중요합니다. 두 경우 모두 믿음의 반응이 좋은 아이들과 전략적으로 동역할 수 있습니다(소극적인 친구를 돕는 일). 그러나 이 아이들에게 일방적으로 희생을 강요하는 것은 금물입니다.

TIP ✦ 더 재미있는 소그룹 만드는 법

키워드	내용
문화	'우리만의 문화'가 흥미를 유발합니다. 소그룹만의 문화를 만들어 보세요. 예를 들어 그 주에 생일이 있는 아이를 위해서 축하의 시간(롤링 페이퍼, 선물 나눔)을 갖거나, 모두가 출석한 날 작은 파티를 하는 등의 문화를 만들 수 있습니다.
동역	'서로에게 주어진 일'이 흥미를 유발합니다. 소그룹 아이들이 각자 할 일이 있으면 좋습니다. 소그룹 아나운서가 되어 성경 본문을 고정적으로 읽거나, 총무가 되어 소그룹 안내지, 간식을 챙길 수 있습니다. 친교부장이 되어 소그룹 아이들의 경조사를 챙기거나, 찬양 인도자가 되어 찬양을 인도할 수 있습니다. '나의 소그룹'이라는 소속감과 책임감을 심어 주는 것이 중요합니다.
축제	'축제의 시간'이 흥미를 유발합니다. 분기별로 축제의 요소를 가미하면 좋습니다. 책걸이 형식처럼 함께하는 사람들과 서로 즐기고 격려하는 시간을 만들면 더 흥미로운 소그룹을 만들 수 있습니다.

열악한 소그룹　시간이 부족하거나 독립적인 공간이 없는 경우에는 핵심 메시지를 적극적으로 활용할 수 있습니다. 핵심 메시지에 열린 질문을 던지고, 반복해서 노출시켜 각자의 삶에 적용하는 데 집중할 필요가 있습니다. 이렇게 시간 확보가 어렵고 공간이 열악할수록 주일의 에너지를 평일로 나눌 필요가 있습니다. 평일 동안 충분히 소통한 뒤, 주일에는 이를 확인하고 적용하는 데 집중합니다.

소그룹 분위기	아이들의 성향	방법
시간 부족, 공간 열악	무반응, 어수선, 산만함	에너지 분산과 적용

소그룹 이대로 괜찮을까?

소그룹 아이들에게 예수님을 전할 때면 소귀에 경 읽는 느낌이 든다. 맛있는 것을 사줄 때는 좋아라 하지만 예수님이나 성경에 대해서 말하면 잘 들으려 하지 않는다.

많은 교사분들의 고민일 것 같습니다. 우리가 만난 진리를 나누려고 교사로 봉사하게 되었지만 정작 아이들은 별 관심이 없어 보일 때 크고 작은 회의감과 위축이 찾아옵니다. 하지만 대부분의 경우, 아이들은 관심이 없다기보다는 아직 마음의 준비가 되지 않은 것입니다. 기계가 본격적으로 작동하기 위해서는 예열의 과정이 필요한 것처럼, 마음에도 예열 과정이 필요하니까요.

이 예열 과정에는 두 가지가 필요합니다. 먼저는 교사와의 신뢰 관계입니다. 아이들에게는 '무엇'을 말하는가보다 '누가' 말하는가가 더 중요합니다. 누군가를 신뢰하는 만큼 그 말에 관심을 가지게 됩니다. 그래서 초반에는 어떤 열매를 기대하기보다 관계에 힘써야 합니다. 밑 빠진 독에 물을 붓는 것처럼 관심과 사랑을 쏟아야 합니다. 다음은 진리에 대한 의미입니다. 아이들은 무언가를 시도할 때 의미를 찾습니다. 의미가 동기를 부여해 줍니다. 만약 진리에 관심이 없어 보인다면 아직은 큰 의미를 찾지 못한 것입니다. 진리에 대해 의미를 찾을 수 있도록 지속적으로 설명해 주고, 기도해 주며, 기다려야 합니다.

소그룹 아이들을 혼내거나 지적해도 될까? 서로가 익숙해져서인지 교사인 나에게 무례하게 대하는 아이들이 생겨난다. 무조건 받아 주자니 어떤 아이는 선을 넘으려 하는 것 같다. 어떻게 해야 할까?

사실 청소년을 혼내거나 지적하는 일은 조심스럽게 접근해야 합니다. 아이들은 열 번 중에 아홉 번을 칭찬하고 한 번을 혼내면, 아홉 번의 칭찬보다 한 번의 지적을 기억하기 쉽습니다. 다음의 내용을 참고하는 것이 좋습니다.

• 장소가 중요합니다. 사람들의 이목이 집중되는 공개된 장소보다 개인적인 공간이어야 합니다.
• 사람보다는 행동에 대해 말합니다. "넌 잘못됐어"가 아니라 "그 행동은 잘못됐어"라고 말합니다.
• 즉흥적으로 말하기보다는 충분히 기도한 다음 사랑으로 말해야 합니다. 화내거나 비꼬는 말투는 역효과를 가져다줍니다.
• '너'에 초점을 두기보다 '나'에 초점을 둡니다. "네가 무례했어"보다는 "나한테는 무례하다고 느껴졌어"라고 말합니다.
• 혼낸 뒤에는 꼭 개인적으로 다시 만나거나 연락을 합니다. 재차 의도에 대해 분명하게 설명하면서 마음을 어루만져 줍니다.

4 [그리스도의 몸]

이는 성도를 온전하게 하여
봉사의 일을 하게 하며
그리스도의 몸을 세우려
하심이라. 우리가 다 하나님의
아들을 믿는 것과 아는 일에
하나가 되어 온전한 사람을
이루어 그리스도의 장성한
분량이 충만한 데까지 이르리니.

엡 4:12-13

{ 이 공동체만큼 } 값질 수 있을까요?

우리는 그리스도의 공동체로 부름받았습니다. 우리 주위에는 다양한 공동체가 있습니다. 취미 활동을 함께하는 동아리, 입시나 취업 준비를 함께하는 스터디 모임, 정치적 이념을 공유하는 모임 등 셀 수 없이 많습니다.

우리가 속한 공동체는 이해관계로 구성된 모임이 아닙니다. 봉사를 위해 모인 조직도 아닙니다. 단순히 청소년에게 먹을 것을 사주거나 기능적으로 무언가를 가르치려고 모인 집단도 아닙니다. 세상의 다양한 공동체와는 달리 교회 교사 공동체만의 특징이 있습니다. 생명이 있다는 것입니다. 왜냐하면 우리는 그리스도의 몸이기 때문입니다. 그리스도 안에서 한 생명을 잉태하고 탄생시키는 공동체입니다. 이 공동체만큼 값질 수 있을까요?

우리는 생명을 잉태하는 공동체입니다

청소년 사역을 하면서 가장 힘들었던 순간은 한 아이의 일로 교사 공동체가 양분되었을 때의 일입니다. 한 아이의 좋지 않은 행동으로 여러 아이들이 피해를 겪게 되었습니다. 몇몇 아이들은 직접 피해를 입지는 않았지만 불안한 마음과 두려움을 호소했습니다. 교사 중에는 상처 입은 아이들과 연결된 분들이 많았습니다.

본인의 철없는 행동으로 다른 이들에게 상처를 입힌 이 아이는 자신의 잘못을 진심으로 뉘우쳤습니다. 그리고 그해 수련회에 참석하고 싶다는 의지를 밝혔습니다. 교사들이 모여 이 아이의 수련회 참석 건을 가지고 회의를 했습니다. 그날 밤 오래도록 토론했지만 의견이 좁혀지지 않았습니다. 찬성하는 교사들은 그 아이를 변호했습니다. 방황하는 시기에 할 수 있는 실수이고, 충분히 뉘우쳤으니 함께해야 한다는 말이었습니다. 반대하는 교사들은 상처받은 아이들을 대변했습니다. 아이들은 어른들보다는 회복 탄력성이 떨어져 수련회 때 그 아이의 얼굴을 보면 시험에 들 수 있다는 말이었습니다. 모든 아이가 하나님의 소중한 영혼이었기에 두 의견이 팽팽하게 마주 섰습니다. 교역자로서는 중립을 지킬 수밖에 없는 예민한 상황이었고, 쉽게 결론 나지 않을 것처럼 보였습니다. 무기력하고 고통스러웠습니다. 하나 된 교사 공동체라 자부했던 우리가 돌아올 수 없는 강을 건너는 느낌이었습니다. 그때 부장 선생님이 이렇게 말했습니다. "아이들을 대변하는 것도 중요하지만, 서로의 아이들을 위해 기도하는 것은 어떨까요?"

회의는 기도회로 이어졌습니다. 상처를 주고받은 아이들을 품고 아프게 기도했습니다. 이것을 시작으로 상처받은 아이들을 설득하기 시작했고, 상처를 준 아이도 수련회에 참석하게 되었습니다. 결국 그 수련회에서 이 아이는 변화되었습니다. 이 일로 공동체 전체가 하나 되었습니다. 인간적으로 교사 공동체를 자부할 때보다, 생명을 놓고 진통하며 기도할 때 비교할 수 없는 하나 됨을 경험했습니다.

여기에서 핵심은 '영혼을 품고 기도했더니 이런 놀라운 경험을 주셨다'가 아닙니다(그렇다고 기도의 능력을 부인하는 것은 아닙니다). 청소년 교사 공동체는 '청소년 생명을 잉태하고 고통당하는 공동체'라는 것입니다. 비록 당장 생명의 변화가 없을 수 있습니다. 드라마틱한 경험이 없을 수 있습니다. 하지만 잉태하고 고통을 겪는 그 자체가 승리입니다. 공동체는 그리스도의 몸이기 때문입니다. 주님의 때가 되면 생명이 태어나게 하실 것입니다.

영혼을 살리는 공동체입니다

제가 학생 때의 일입니다. 수업을 마치고 캠퍼스를 걷고 있었습니다. 대학 본관 앞, 넓게 펼쳐진 광장 한가운데서 한 정체불명의 청년이 돗자리를 깔고 통성으로 기도하고 있었습니다. 기독교 대학도 아닌 일반 대학에서는 흔치 않은 광경이었습니다. 그 장면을 보는 보행자들은 낯선 표정을 지으며 지나갔습니다. 사람들이 기독교에 반감을 가질 것 같아 마음이 좋지 않았습니다.

기도하는 청년에게 다가가서 말했습니다. "저기요, 여기서 이러시면 안 됩니다." 이렇게 말할 때도 마음 한구석에는 거리낌이 있었습니다. 혹시나 기도를 끊으면 시뻘겋게 충혈된 눈을 뜨고 '사탄아 물러가라' 소리를 듣지나 않을까 하는 염려였습니다. 저의 말을 듣고 고개를 든 사람은 너무나 선하고 앳된 얼굴을 하고 있었습니다. 일단 안심하고 신상을 알아보니 의학 전문대학원을 준비 중인 본교 학생이었습니다. 교회도 이단이 아니었습니다. 신상을 파악한 뒤, 저도 신앙인임을 밝히고 공적 장소에서 통성으로 기도하면 안 되는 이유를 논리적으로 설명했습니다. 그러자 그 학생이 눈물을 글썽이며 말했습니다. "너무 불쌍해서요. 주님 없이 살아가는 학생들이 너무 불쌍해서요." 그의 말에 왠지 모르게 대답할 말이 없었습니다. 그래서 카페에 가서 이야기를 나누자고 제안을 하고 자리를 옮겼습니다.

자리에 앉자마자 분위기를 환기시키려는 목적으로 '사람들에게 관심을 받고 때론 손가락질 받는 것이 부끄럽지 않느냐'고 농담조로 물었습니다. 이 학생은 진지하게 말했습니다. "사실 친구 사이에서도 예수님의 '예'자도 꺼내지 못하는 성격인데요. 그런 자신이 더 부끄러웠습니다. 주님을 모르는 학생들이 너무 불쌍한 마음에 무릎 꿇을 수밖에 없었습니다."

광장에서 자리를 깔고 기도하는 것(때론 통성으로)에 대해서는 사람마다 호불호가 있을 겁니다. 사람들의 이목에도 용감하게 기도한다 칭찬할 수도 있고, 꼭 공적인 공간에서 기도할 필요가 있느냐고 의문을 제기할 수도 있습니다. 그러나 사람들에게 주님을 말하지 못한 것을 부끄러워하는 마음, 예수님을 알지 못하는 사람들을 불쌍히 여기는 마음은 누구도 재단할 수 없을 것입니다.

이 청년은 이후로도 캠퍼스 기도 운동의 주축으로 쓰임 받았습니다. 그가 이런 마음을 가지고 쓰임 받을 수 있었던 데는 청소년 시절의 교사 공동체가 있었습니다. 그중 한 교사는 청소년 한 명 한 명을 인격적으로, 진심으로 뜨겁게 기도해 주었습니다. 당시에는 그것이 귀찮고, 때로는 도망가고 싶었답니다. 그러나 그때의 기억과 경험이 남아서 긍휼과 기도의 사람으로 열매 맺게 되었습니다.

청소년 교사와 공동체는 영혼을 살아가게 합니다. 당장은 별 영향이 없고 만족할 만한 열매가 보이지 않을 수 있습니다. 청소년들이 귀찮아하고 도망갈 수도 있습니다. 그러나 포기하지 말아야 합니다. 공동체는 그리스도의 몸이기 때문입니다.

한 영혼을 위해 전부를 거는 공동체

세상의 다양한 공동체는 목적이 있습니다. 친교나 정보 공유, 이익을 추구합니다. 이 공동체들의 가치는 그 목적을 얼마나 잘 달성하는가에 달려 있습니다. 취업 스터디 모임이라면 취업할 확률이 높을수록 가치가 높아집니다. 그 반대의 경우 가치가 떨어집니다.

교사 공동체는 한 영혼을 살리는 데 목적이 있습니다. 한 영혼을 살릴 수 있다면 전부를 걸어도 괜찮은 공동체입니다. 왜냐하면 하나님 나라의 계산법에 따르면 한 영혼은 전부를 걸 만한 가치가 있기 때문입니다. 구약 성경 이사야서에는 한 영혼에 대해 다음과 같이 말합니다.

> 그 작은 자가 천 명을 이루겠고, 그 약한 자가 강국을 이룰 것이라.
> 사 60:22

우리는 '한 영혼이 천하보다 귀하다'는 말을 자주 듣습니다. 이 말은 진리입니다. 가끔씩 저는 교사분들과의 모임 중에 말합니다. "우리를 통해 한 영혼이라도 변화될 수 있다면 얼마나 영광이겠습니까?" 이 말은 저와 교사들의 중심을 가다듬게 하는 말이었습니다. 우리의 사역은 결코 가치가 떨어지지 않으며 참으로 영광스러운 직분으로 부름받았다는 사실을 재확인하는 말이기 때문입니다. 우리는 천하보다 귀한 한 영혼을 살리는 공동체입니다.

풍성한 교사 공동체를 세우는 기초

교사 공동체를 풍성하게 세우는 기초를 세 가지로 알아볼 수 있습니다.

삶 나눔 서로가 기능적인 관계에 머무는 것을 방지해 줍니다. 서로의 역할만이 아니라 삶에 대해서도 알 수 있는 장을 마련합니다. 각자의 삶을 공유하면 함께 기도하고 서로의 필요를 채워 줄 수 있습니다. 믿음으로 나아가며 은혜를 나누고, 고난 중에 응원을 주고받습니다. 만약 교사 수가 많거나 시간이 부족하다면 그룹을 더 나눠서 진행할 수 있습니다.

아이들 기도제목 나눔 이는 공동체를 더 가깝게 느끼도록 해줍니다. 본인이 담당하는 아이의 기도제목을 나누어 기도의 동역자를 얻고, 다른 교사가 담당하는 아이의 기도제목을 듣고 섬김의 범위를 넓히기 때문입니다. 또한 실질적으로 아이를 도울 아이디어를 공유합니다. 서로의 사역을 위로하고 격려하는 계기가 됩니다.

청지기 의식 교사가 담당하는 소그룹 아이들은 결코 교사의 소유가 아닙니다. 청지기입니다. 만약 청지기 의식이 없다면 교사는 경쟁 관계가 될 수 있습니다. 본인이 담당하는 아이가 다른 교사를 더 의지하거나 찾는 것 같으면 질투하는 마음이 생깁니다. 이런 마음이 고착화되면 더 이상 그리스도의 몸은 사라지고 기능적인 조직이 되고 맙니다. 청지기 의식이 있을 때 책임감을 가지고 아이들을 돌보되 권리를 주장하지 않을 수 있습니다. 청지기 의식이 있을 때 중심을 잃지 않습니다.

TIP ✦ 교사의 역할 Basic

직분	역할
부장 교사	· 교사 공동체 돌봄. 교사들의 영적 건강을 돌보고, 필요시에 교사를 심방합니다. · 한 해 행사 돌봄. 부서 활동의 전반을 파악하며 봉사자들을 지원하고 격려합니다. · 교역자와의 긴밀한 소통. 교사 수급 교사 돌봄, 교육 방향, 부서 운영에 관해 교역자와의 긴밀한 소통으로 유기적인 공동체가 되도록 헌신합니다.
총무 교사	· 교사 경조사 돌봄. 교사 개인에게 있는 좋은 일과 슬픈 일을 파악하고 공지합니다. · 활동 진행 및 장소 섭외. 야외 활동 및 수련회를 진행하고 장소를 섭외합니다. · 교회와 부서 소통. 교회 리더십, 직원(관리, 행정, 방송)과 부서 활동에 충돌이 생기지 않도록 중간 소통의 역할을 합니다.
회계 교사	· 예산 돌봄. 계획된 규모에 맞게 예산이 지출되도록 꼼꼼하게 확인합니다. · 예산 집행. 부서 운영, 행사 진행을 위한 예산을 신청하고 집행합니다. · 예산 공유. 매달 예산 수입과 지출을 공동체가 볼 수 있도록 공유합니다.
서기 교사	· 교사 생일 돌봄. 모든 교사의 생일을 파악하고 공지합니다. · 교사 회의록. 교사 회의록을 작성하여 교사 공동체에 공유합니다. · 물품 구매. 생일 선물과 행사 물품, 소모품 등을 구입하고 관리합니다.
담당 교사	· 소그룹 학생 돌봄. 성경을 가르치고 믿음의 본을 보입니다. 기도로 학생을 돌봅니다. · 소그룹 학생 코칭. 학생의 감정과 소명, 신앙, 고민에 대해 코칭을 해줍니다. · 학생을 돌보기 위한 동역. 동료 교사, 학부모와 소통하여 학생을 돌봅니다.

163

함께
자라 가는 중입니다

우리는 교사 공동체를 통해서 그리스도의 몸을 세워 가야 합니다. 사도바울은 이 의미를 다음과 같이 설명합니다.

우리가 다 하나님의 아들을 믿는 것과 아는 일에 하나가 되어 온전한 사람을 이루어 그리스도의 장성한 분량이 충만한 데까지 이르리니.
엡 4:13

존 스토트는 이 구절을 풀이하면서 다음과 같이 말합니다.[1]

공동체(교회)의 목표는 그리스도를 알고, 믿고, 그분에게까지 자라남으로써 하나 됨 속에서 성장하는 것이다.

함께 자라 가야 합니다

교사 공동체는 '함께 자라 가는' 공동체입니다. 더 정확하게

게는 '함께 자라 가야 하는' 공동체입니다. 이것이 교사 공동체의 목표입니다. 이 말은 단순히 '함께한다'는 의미가 아닙니다. 교사가 함께 자라 간다는 것은 서로의 짐을 나누어 지겠다는 의지입니다. 그리고 이 모든 것이 '나의 일' 혹은 '너의 일'이 아니라 '우리의 일'임을 선언하는 것입니다.[2]

교회마다(혹은 부서마다) 강습회, 세미나와 같은 교사 성장 프로그램을 운영합니다. 경험상 교사의 참석률이 높을수록 교회나 부서의 역동이 일어납니다. 이 힘이 고스란히 학생들에게 흘러갑니다. 반대로 참석률이 낮을수록 역동이 잘 일어나지 않습니다. 이 무력함은 고스란히 학생들에게 흘러갑니다.

교사 공동체 성장의 디딤돌과 걸림돌

교사 공동체 성장의 디딤돌은 **나 하나라도**입니다. 한 사람이 전달하는 긍정적인 힘은 결코 작지 않습니다. 한 교회에서 중등부 사역을 할 때입니다. 1년 동안 중등부 교사들과 해외 선교 프로젝트를 기획해서 중학생들을 훈련하고 선교비를 모금했던 적이 있습니다. 모든 준비를 마치고 중등부 인원 대다수인 100명 가까이를 데리고 태국으로 단기 선교를 떠났습니다. 교사 중에는 개인적인 일로 피치 못하게 가지 못한 분이 있었습니다. 일주일의 단기 선교 일정에서 중간쯤 지났을 때였습니다. 함께 출국하지 못했던 그분이 태국행 비행기를 타고 선교팀에 합류했습니다. 공식 일정을 이틀 남긴 시점이었습니다. 주변에서 "단기 선교가 얼마 남지도 않았는데 지금 가봐야 뭐해요?" 하고 핀잔을 주는 분도 있었습니다. 그런데 그분은 이렇게 말했습니다. "저 하나라도 힘을 보태야죠." 그 말을 들은 사람은 더 이상 반응할 수 없었다고 합니다. 이 에피소드가 전해져서 교사 공동체 전체에 엄청난 격려가 되었습니다. '나 하나라도'라는 말은 서로의 짐을 함께 나누어 지게 하는 힘이었습니다.

교사 공동체 성장의 걸림돌은 **나 하나쯤이야**입니다. 한 사람이 부정적인 힘을 전달하는 것 역시 결코 작지 않습니다. 나 한 사람의 부재는 단순히 빈자리로 그치지 않습니다. 다른 누군가에게 짐을 가중시킬 수 있기 때문입니다. 나의 빈자리가 누군가의 의욕을 공허하게 만들 수 있습니다. 교사 성장 프로그램이 기대에 못 미칠 수 있습니다. 때론 지루하고 식상하게 느껴질 수 있습니다. 그러나 함께하는 자리는 지켜야 합니다. 역동은 그 자리에서 출발하기 때문입니다. '나 하나쯤이야'라는 말은 서로에게 짐을 지우게 됩니다.

교사들이 함께 성장하는 커리큘럼

다음 그림은 청소년 교사로서 성장할 수 있는 기본 커리큘럼입니다. 그림은 크게 세 부분으로 나눕니다. 개인의 부르심(소명)과 청소년에게로의 보내심(사명), 마지막으로 공동체로의 부르심(소명)입니다. 이 모든 구성 요소는 그리스도를 닮아 가기 위한 목표로 이뤄지는 성장 과정입니다. 더 세부적으로는 다섯 가지의 영역으로 나눕니다.

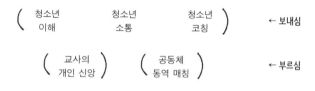

청소년 교사가 그리스도를 닮아가는 성장

교사의 신앙, 청소년 이해, 청소년 소통, 청소년 코칭 티칭, 공동체 동역 매칭 영역을 정기적으로 더불어 학습한다면 청소년 교사로서의 전문성을 키울 수 있습니다.

주제	내용	자료
교사의 신앙	신앙인으로의 부르심	· 존 스토트, 《기독교의 기본 진리》 · 오스왈드 챔버스, 《주님은 나의 최고봉》

교사의 신앙 청소년 교사라는 역할 이전에 신앙인이라는 부르심(소명)이 있습니다. 이 부르심이 정확하게 정립되지 않으면 보내심(사명)은 의미가 없습니다. 만약 청소년 교사로서 영혼의 고갈과 침체를 겪는다면 신앙인으로의 부르심을 점검하는 것이 좋습니다.

주제	내용	자료
청소년 이해	청소년의 발달 단계, 문화 이해	· 김현수, 《중2병의 비밀》 · 데이비드 키네먼, 《디지털 바벨론 시대의 그리스도인》

청소년 이해 전 연령(유아, 유년, 청소년, 청년, 성인) 발달 단계 중에서 청소년 시기에 일어나는 발달의 특징을 공부합니다. 청소년에게 나타나는 여러 변화와 현상을 이해할 수 있습니다. 뿐만 아

니라 청소년을 이해하는 데는 문화를 빼놓을 수 없습니다. 청소년의 문화에는 어떤 특징이 있는지, 어떤 영향을 주고받는지 이해할 필요가 있습니다.

주제	내용	자료
소통	청소년과의 커뮤니케이션	· 게리 채프먼,《십대의 5가지 사랑의 언어》 · 조재연,《청소년 사전》

청소년 소통　청소년과의 소통에서는 '큰 좋은 것'도 좋지만 '작은 나쁜 것'이 없어야 합니다. "사랑한다", "기도한다", "난 항상 네 편이다"와 같은 큰 좋은 말도 중요합니다. 그러나 외모를 평가하거나(긍정적이든 부정적이든) 행동과 선택을 비꼬는 말(어휴, 그럴 줄 알았다), 자율성을 무시하는 듯한 말(네가 뭘 안다고 그래) 등등의 작은 나쁜 말을 삼가야 합니다. 때론 작은 나쁜 말이 큰 좋은 말을 신뢰하지 못하게 만들기 때문입니다. 보통 청소년에게 상처를 주는 작은 나쁜 말은 별 의도 없이 전달됩니다. 그래서 청소년과의 소통법을 배워야 합니다.

주제	내용	자료
목양	청소년에 대한 돌봄과 가르침	· 최성애 · 조벽,《청소년 감정코칭》 · 존 맥아더,《그리스도인이 꼭 알아야 할 12가지》

청소년 코칭　청소년이 스스로 고민하고 극복하도록 돕는 사역입니다. 예를 들어 청소년기에 유별나게 나타나는 감정을 스스로 잘 받아들이고 좋은 방향으로 사용하도록 옆에서 도와주는 일입니다. 청소년 시기의 고민을 건강하게 풀어 가도록 도와야

합니다.

청소년 티칭   청소년에게 필요한 성경적인 지식과 교훈을 가르치는 일입니다. 청소년이 진리로 세상을 보고, 해석하는 눈을 길러 주는 사역입니다. 교사는 아이들에게 진리를 전달할 기본적인 지식을 가지고 있어야 합니다.

주제	내용	자료
동역	동료 교사와 부모님과의 공동체	· 정석원, 《청소년 사역 핵심파일》 · 이기복, 《성경적 부모교실》

공동체 동역 매칭   청소년 교사라는 역할 이전에 공동체라는 부르심(소명)이 있습니다. 모든 섬김의 기반에는 공동체와의 매칭이 있어야 합니다. 독불장군이 되어서는 안 됩니다. 공동체를 통해 그리스도의 몸을 경험하고 성장을 체험해야 합니다. 이것 역시 마음만으로는 어렵습니다. 공동체를 알아 가고 동역하는 자세가 훈련되어야 합니다.

함께 돕는 교사 공동체

함께 기도하기   교사 공동체 내에서는 서로를 위해 기도하는 시간이 고정적으로 있어야 합니다. 서로를 위해 기도하는 것만큼 공동체를 든든하게 세우는 힘은 없기 때문입니다. 하나의 장작에 붙은 불은 얼마 가지 않아 식거나 꺼집니다. 그러나 여러 장작에 붙은 불은 오랜 시간동안 꺼지지 않고 강렬하게 타오릅니다. 이처럼 교사 공동체가 함께 기도할 때 교사도 살고, 청소년도 살리게 됩니다.

함께 소그룹 돕기 소그룹을 운영하면서 가르칠 내용과 소통 방법을 가지고 동료 교사와 이야기할 수 있습니다. 어떻게 하면 메시지를 선명하게 잘 전달할지, 소그룹 진행을 매끄럽게 할지 등을 논의하고 아이디어를 모읍니다. 혼자 고민하기보다 함께 고민하는 것만으로도 소그룹이 긍정적으로 달라질 수 있습니다.

노련한 교사가 새파란 교사에게

건강한 공동체는 갈등이 없는 공동체가 아닙니다. 건강하게 갈등을 풀어 가는 공동체입니다. 청소년 교사 공동체는 보통 크게 두 가지의 갈등이 생길 수 있습니다. 봉사 연수가 많은 교사와 새로운 교사와의 갈등, 그리고 서로 성향이 다른 교사와의 갈등입니다.

청소년 부서에서 노련한 교사의 장점은 경험이 많다는 것입니다. 그러나 조심할 점이 있습니다. **'예전에 다 해봤는데'**라는 생각입니다. '예전에 다 해봤는데 이게 옳다', '예전에 다 해봤는데 이건 그르다'라는 말에는 두 가지 함정이 있습니다. 먼저 청소년 세대는 끊임없이 변한다는 점입니다. 청소년 안에서도 세대 갈등이 있을 만큼 청소년 문화는 빠른 속도로 변하고 있습니다. '예전에'라는 기준은 변화하는 청소년을 담아낼 수 없습니다. 또 다른 함정은 공동체가 예전이라는 기준을 넘어서지 못한다는 것입니다. 경험이 유일한 기준이 될수록 한계는 분명해집니다. 안정성을 주는 반면 그 이상의 창조성을 가져다주지 못합니다.

　노련한 교사는 '새파란' 교사에게 자리를 내주어야 합니다. 하지만 이 말은 다음의 두 가지를 의미하지 않습니다. **뒤로 물러난다**는 뜻이 아닙니다. 도리어 적극적으로 밀어 준다는 뜻입니다. 새로운 교사들이 앞장서서 소신껏 일할 수 있도록 밀어줘야 합니다. 격려와 칭찬으로 동기를 부여해 줘야 합니다. 소신껏 일하되 낙심과 침체에 빠지지 않도록 적극적으로 밀어 줍니다. 다음으로 **아무것도 하지 않는다**는 뜻이 아닙니다. 코칭한다는 뜻입니다. 노련한 교사의 경험으로 여러 가능성을 제시하고, 노련한 교사의 지혜로 놓치지 말 것을 알려 주는 일입니다. 이런 코칭 덕분에 교사 공동체는 한층 더 끈끈해지고, 성장할 수 있습니다.

새파란 교사가 노련한 교사에게

　반대로 새파란 교사가 조심해야 하는 것이 있습니다. **'지난 것은 틀렸다'**는 생각입니다. '예전과 지금은 완전히 다르다'는 생각에는 두 가지 함정이 있습니다. 먼저 지난 것에는 경험과 지혜가 축적되어 있습니다. 어제 없는 오늘이 없듯, 과거의 경험과 지혜를 바탕으로 더 나은 현재를 만들어 갈 수 있습니다. 시행착오를 줄이고 안정성을 늘리는 영적 유산이 됩니다. 또 한 가지는 변하지 않는 것이 있다는 점입니다. 청소년 세대가 빠르게 변하는 중에도 여전히 변하지 않는 가치와 본질이 있습니다. '청소년을 사랑하는 마음', '말씀을 먹이고, 기도로 중보하는 자세' 등등입니다. 이것을 놓치면 결국은 모든 것을 놓치게 됩니다.

새파란 교사는 노련한 교사를 존중해 주어야 합니다. 이 말은 다음의 두 가지를 의미하지 않습니다. **조건에 따라 존중하겠다**는 뜻이 아닙니다. 조건을 초월해서 존중하는 것입니다. 나의 뜻, 호감, 가치와 맞지 않더라도 노련한 교사의 경험과 지혜를 존중해야 합니다. 그 안에 놓치거나 잊지 말아야 할 중요한 가치가 있기 때문입니다. 그러나 조건을 따지면 소중한 것을 보는 눈이 좁아집니다. 또한 **필요에 따라 존중하겠다**는 뜻이 아닙니다. 개인의 필요를 넘어서서 존중하는 것입니다. 심지어 내게 필요하지 않다고 여겨질 때도 노련한 교사의 경험과 지혜를 존중해야 합니다. 그 안에는 자신을 비춰 볼 수 있는 거울이 있기 때문입니다. 때론 인정해 주는 말이 아니라 쓴소리도 존중합니다. 보통 노련한 교사의 도움이 자신의 필요에 맞지 않다고 느낄 때 회피 전략을 사용합니다. 함께 있는 자리를 피하거나, 깊게 의논하지 않으려 합니다. 다름에서 오는 피곤함과 괴리감을 피하고 싶어 하기 때문입니다. 그러나 직면해야 합니다. 함께하는 자리를 만들고 이야기하는 분위기를 만들어야 합니다.

그리스도인으로서의 정체성	교사로서 첫 단추를 잘 끼우는 것이 중요합니다. 교사의 기초는 신앙인으로서의 정체성(소명)입니다. 참그리스도인이 참교사가 될 수 있습니다.
교육부와 청소년 부서의 교육 방향 알기	청소년 교육과 운영의 흐름을 알아야 합니다. 목표로 나아가는 과정 속에서 자신의 역할과 가치를 발견할 수 있습니다.
성경의 교리와 신구약 성경 개관	성경에 대한 기본적인 지식과 전체적인 안목을 지녀야 합니다. 최소한의 교리 문답과 신구약 성경의 전체적인 개관(파노라마)을 공부합니다.
청소년 커뮤니케이션과 소그룹 운영 방법	청소년에 대한 기본적인 이해와 소통 방법을 알아야 합니다. 더불어 소그룹의 중요성과 필요성을 이해하고 소그룹 운영 방법을 익힙니다.
청소년 교사 공동체의 중요성	기능적인 교사이기 이전에 그리스도의 몸으로 부름받았음을 기억합시다. 교사 공동체가 그리스도 안에서 함께 자라 갈 때 청소년이 영적인 유익을 얻습니다.

성향이 다른 교사에게

성향이 다른 교사 간의 갈등은 말 그대로 다름을 인정하는 데서 시작해야 합니다. 교사들은 서로 많은 부분에서 다릅니다. 교사의 헌신도, 생각하는 방향, 중요하게 여기는 가치가 다를 수 있습니다. 이것을 '틀렸다'고 여기기보다 '다르다'고 여길 필요가 있습니다. 명백히 틀렸다고 여겨지더라도 다름을 인정하고 시작하는 편이 더 낫습니다. 17세기 신학자인 루퍼투스 멜데니우스의 말이 도움이 됩니다.

173

본질적인 것에는 일치를, 비본질적인 것에는 자유를, 모든 것에는 사랑을!

이것은 교사와 교역자의 관계에도 적용됩니다. 서로의 다름을 인정하고 사랑하는 마음이 있어야 합니다.

믿음의 유산
소개하기

청소년들은 본받고 따라갈 모델을 찾습니다. 성경에 나오는 믿음의 선진들과(히 11:2) 우리 가까이에서 살다간 작은 예수들의 삶은 우리들이 본받을 모델입니다. 이들은 최고의 모델이신 예수 그리스도를 본받고 따라갈 이정표를 제시해 줍니다. 믿음의 선배들이 걸어간 길을 보면 과거에 하나님이 어떤 일을 하셨는지, 현재에 어떤 일을 하고 계시는지, 또 앞으로 어떤 일을 하실 것인지 볼 수 있습니다. 그래서 청소년에게 성경 지식과 더불어 믿음의 선배들을 소개하는 것은 너무나 유익한 일입니다.

뼈대 있는 믿음의 후손들

너무나 안타깝게도 현재 성장하는 청소년들은 우리나라에 어떻게 복음이 들어왔는지, 어떤 멋진 믿음의 선배가 있었는지 잘 알지 못합니다. 주위에 있는 청소년에게 교사 여러분이 아는 믿음의 선배 이름을 얘기해 보세요. 아마 거의 모를 겁니다. 제가 아이들에게 주기철 목사님과 손양원 목사님에 대해서 들어

봤느냐고 물었습니다. 절반 이상은 들어 보지 못했다고 했습니다. 신앙 세대의 단절이 일어나고 있습니다. 이 현상은 앞으로 시간이 갈수록 가속화될지 모릅니다.

청소년에게 믿음의 유산을 상속해야 합니다. 우리가 받은 복음과 사랑은 믿음의 선배로부터 물려받은 것이기 때문입니다. 우리나라 기독교 역사 속에 믿음의 선배들이 남긴 유산이 있습니다. 우리나라에 복음을 전수하고 사랑을 실천한 인물들을 알려 주어 우리 청소년들이 뼈대 있는 믿음의 후손임을 깨닫게 해 주어야 합니다. 청소년부에서 교사들과 제가 믿음의 유산을 전수하려고 여러 시도를 했을때 가장 감동을 받은 것은 교사 자신이었습니다. 우리에게도 남 부러울 것 없는 근사한 믿음의 선배가 있다는 것입니다. 믿음의 선배들이 우리에게 귀한 믿음의 유산을 물려준 것처럼, 우리도 청소년에게 믿음의 유산을 전수하는 자리에 있습니다. 이 장 마지막에 우리들 곁을 살았던 믿음의 선배들을 정리해 놓았습니다.

믿음의 유산, 이렇게 전수할 수 있습니다

교사의 티칭 한 인물을 연구하여 가르치는 방식입니다. 특별 행사를 마련하여 소그룹 아이들에게 소개하거나, 수련회에서 선택 특강으로 가르칠 수 있습니다.

교사의 코칭 청소년이 스스로 인물을 연구하여 발표하는 방식입니다. 신앙 전기를 읽히고 독후감을 쓰거나 발표하도록 합니다. 혼자가 아니라 소그룹별로 특정 인물을 맡아서 서로 가르칠 수도 있습니다. 때로는 중고등부와 유초등부가 연합하는 방법도 가능합니다. 중고등학생 선배가 초등학생 후배에게 가르쳐 주는 겁니다. 교육 효과 면에서는 청소년이 직접 공부하여 또래나 후배에게 가르치는 방법이 가장 좋습니다. 여기에는 적절한 동기부여가 필요합니다. 발표 대회를 열어 상을 주거나 '우믿소 캠페인'(우리 믿음의 선배를 소개합니다)을 열 수 있습니다.

공동체 참여 단체로 신앙 인물의 삶의 자취가 서려 있는 기념관, 전시관을 찾을 수 있습니다. 인물과 관련된 지역을 탐방하거나 인물에 관한 공연을 관람하는 방법도 있습니다.

하나님 향하기

신앙 인물을 소개할 때 조심할 점이 있습니다. 인물을 가르치는 것 자체가 목적이 되는 것입니다. 이는 단순히 인물에 대한 감탄으로 그칠 수 있습니다. 그리고 인물과의 격차 때문에 좌절감과 괴리감만 남을 가능성이 높습니다. 우리가 신앙 인물과 유산을 전수하려는 이유는 하나님을 향하도록 하기 위함입니다. 신앙 인물이 하나의 이정표라면, 이정표를 보는 데 그치지 않고 이정표가 가리키는 방향인 하나님을 향해야 합니다.

어떤 신앙 인물이든 완벽할 수 없습니다. 그분들도 우리와 같은 성정을 지닌 분들입니다. 그래서 칭송 일변도로 업적만 가르치지 않고 그 인물의 약점과 내면의 갈등, 굴곡도 함께 나눕니다. 여기서 핵심은 하나님의 이야기가 중심이 되는 것입니다. 한 인물이 어려운 환경을 통과하는 동안 하나님이 어떻게 인도해 주셨는지, 위대한 업적을 남기는 동안 하나님이 어떤 은혜를 주셨는지 이야기합니다. 청소년에게 좌절감과 괴리감이 아닌, 소망과 용기를 전달하는 이야기가 되도록 해줍니다.

한 인물이 복음에 가지는 사랑과 열정은 전염성이 강합니다. 신앙 선배들이 걸어간 길은 청소년이 자신의 길을 돌아보게 합니다. 바른 방향으로 가고 있는지 고민하게 합니다. 자기중심적이고 협소한 시야에 균열을 가져다줍니다. 믿음의 선배들처럼 그리스도를 바라보는 삶이 진정한 승리임을 확인하는 시간이 됩니다. 청소년에게 믿음의 유산을 전수해 줘야 하는 이유입니다.

우리 곁을 살았던 믿음의 선배들

주제	인물	하나님의 스토리
선교 (해외)	새뮤얼 F. 무어	하나님의 복음은 사람의 신분과 계급을 초월합니다.
	헨리 G. 아펜젤러	하나님은 복음으로 모든 것을 변화시키십니다.
	호러스 G. 언더우드	하나님은 성경을 사랑하는 자를 사용하십니다.
성경	윌리엄 D. 레이놀즈	하나님은 말씀을 사람들의 눈높이에 맞게 전하십니다.
	존 로스	하나님은 성경을 전하려는 열정을 사용하십니다.
	제임스 S. 게일	하나님은 성경을 전하는 일에 다른 이들과 동역하게 하십니다.

선교 (국내)	길선주	하나님은 회개와 복음 전파가 있는 곳에 열매 맺게 하십니다.
	이기풍	하나님은 복음에 빚진 마음으로 사랑을 실천하게 하십니다.
	최권능(최봉석)	하나님은 그의 자녀를 예수님으로 꽉 차도록 하십니다.
교육	남궁억	하나님은 사랑과 이웃사랑 사이에 균형을 이루게 하십니다.
	안창호	하나님은 우리를 어두운 세상에서 빛의 자녀로 부르십니다.
	호모 B. 헐버트	하나님은 이웃들과 함께 웃고, 함께 울게 하십니다.
순교	손양원	하나님은 사랑이 죽음보다 강함을 알게 하십니다.
	주기철	하나님은 성공과 실패가 아니라 충성을 원하십니다.
	문준경	하나님은 사랑과 헌신의 씨앗이 풍성하게 열매 맺도록 하십니다.
	박관준	하나님은 이웃을 위해 사랑과 정의를 나누기 원하십니다.
사회	김마리아	하나님은 복음을 위해 썩는 한 알의 밀알로 우리를 부르십니다.
	조만식	하나님은 믿는 자에게 이웃을 섬기는 사명을 주십니다.
	소다 가이치	하나님은 복음 선포로 진정한 평화를 이루게 하십니다.
의료	장기려	하나님은 형제자매 사랑을 흐르게 하십니다.
	로제타 S. 홀	하나님은 순종하는 한 사람을 통해 위대한 일을 이루십니다.
	존 W. 헤론	하나님은 그의 백성들에게 하나님 나라 비전을 심어 주십니다.

부모와 따로 걸으면
막다른 길을 만납니다

청소년을 만나면서 결정적인 한계에 마주치는 지점이 있었습니다. 바로 가정이었습니다. 청소년을 믿음으로 세우려고 애썼지만, 청소년 가정을 도외시하고는 수박 겉핥기 사역밖에 되지 않겠다는 생각이 들었습니다. 교사가 청소년의 부모와 따로 걸으면 막다른 길을 만나게 되어 있습니다.

부모와 따로 걸을 때 만나는 막다른 길

시간이 부족하다 교회와 가정에서 청소년이 보내는 시간의 양은 비교할 수 없을 만큼 차이가 큽니다. 1년에 청소년이 교회에서 보내는 시간은 40시간이지만, 가정에서 부모와 함께 보내는 시간은 3,000시간에 달합니다.[3] 청소년을 섬기는 일에서 가정을 제외하면 피상적일 수밖에 없습니다. 교사가 주일 동안 청소년에게 '있는 모습 그대로를 받아 주시는 하나님의 사랑'을 전합니다. 그러나 몇몇 아이들은 집으로 돌아가서 얼마 못가 새까맣게 잊어버립니다. 그 아이들의 가정에는 비교 의식으로 자녀를 양육하는 부모가 있기 때문입니다. 이 경우 조건 없는 사랑이라는 주제에 부모를 지속적으로 노출시키고 함께 나누며 기도해야 합니다.

깊은 필요를 모른다   청소년을 위해 기도하려 해도 그 청소년에 대해 아는 것이 적다면 기도가 피상적이거나 모호해집니다. 가정을 제외하고서는 깊은 필요가 무엇인지 아는 데 한계가 있습니다. 청소년 중에는 가정에 상처를 가진 아이들이 많습니다. 부모가 이혼했거나 별거 중인 가정도 있습니다. 아픈 부모가 있거나 경제 사정이 좋지 않은 가정, 심지어 부모님 한 분을 일찍 여읜 가정도 있습니다. 이런 상황을 모르고서는 세심한 배려와 깊이 있는 기도가 어렵습니다.

안정적인 믿음 양육이 어렵다   일반적으로 교육의 주체는 학교라고 여깁니다. 가정에서는 양육을 하고 학교에서는 교육을 한다는 인식입니다. 문제는 가정이 주체가 되지 않은 교육은 무의미하다는 사실입니다. 신앙 교육도 마찬가지입니다. 교회와 교사가 청소년에게 믿음을 전하고 가르치긴 하지만, 성경에서는 믿음 교육의 주체를 부모라고 말합니다.

> 이스라엘아 들으라. 우리 하나님 여호와는 오직 유일한 여호와이시니, 너는 마음을 다하고 뜻을 다하고 힘을 다하여 네 하나님 여호와를 사랑하라. 오늘 내가 네게 명하는 이 말씀을 너는 마음에 새기고 네 자녀에게 부지런히 가르치며 집에 앉았을 때에든지 길을 갈 때에든지 누워 있을 때에든지 일어날 때에든지 이 말씀을 강론할 것이며, 너는 또 그것을 네 손목에 매어 기호를

삼으며 네 미간에 붙여 표로 삼고 또 네 집 문설주와 바깥문에
기록할지니라.

신 6:4-9

성경에서 신앙 교육의 핵심이라고 말할 수 있는 쉐마 성경
구절(신 6:4)은 부모를 신앙 교육의 주체로 보고 있습니다. 신앙
교육은 교회와 교사에게 일방적으로 맡겨진 사명이 아니라 가정
에 우선적으로 맡겨진 사명입니다. 가정을 제외하면 청소년 신
앙 교육의 중요한 가치를 잃고 맙니다.

이처럼 교사가 청소년을 섬길 때 부모와 따로 걸으면 필히
막다른 길을 만나게 되어 있습니다. 반대로 부모와 함께 동역하
면 일어나는 일들이 있습니다.

부모와 함께 걸으면 열리는 새로운 길

온전한 믿음 양육이 가능하다 청소년은 인격적으로나 신앙적으
로 부모로부터 많은 영향을 받습니다. 청소년에게 복음을 전하
고 그리스도의 사랑을 전하는 일에 부모와 함께한다면 천군만마
를 얻은 셈입니다. 청소년의 영혼을 구하고 양육하는 일에 결정
적인 영향력을 발휘할 수 있습니다. 저는 가끔씩 부모를 일일 교
사로 초청하는 프로그램을 진행했습니다. (더 자세한 내용은 《청소년
사역 핵심파일》 Folder4 File3 '부모님을 서포터즈로 세우라' 187쪽을 참고하세요.)
부모가 선택 특강 강사가 되거나 소그룹 교사가 되어 성경을 가

르치는 방식입니다. 두 가지 긍정적인 변화가 있었습니다. 먼저는 부모들이 교사들의 고충을 더 알게 되었다는 점입니다. 교사에게 더 깊은 고마움을 느끼며 응원과 함께 재정적인 지원을 아끼지 않았습니다. 다음은 청소년이 교회에서 아는 어른이 더 많아졌다는 점입니다. 일일 교사로 섬겼던 부모들은 그때 가르쳤던 아이들을 마주치면 안부 인사를 나누었습니다. 청소년들은 교회에서 아는 어른이 많을수록 정착 확률이 높아집니다. 그런 점에서 큰 힘이 되었습니다.

깊은 필요를 안다 한 청소년이 어떤 아이인지는 가정에서 비교적 정확하게 압니다. 또래 집단이나 교사가 보는 모습은 왜곡되어 있거나 부분적일 수 있습니다. 청소년이 가면을 쓸 수 있기 때문입니다. 수련회처럼 장시간 집 떠나는 것을 극도로 꺼리는 한 여자아이가 있었습니다. 교회 활동에도 소극적이었습니다. 주일 예배를 마치면 집으로 도망가기 바빴습니다. 이 아이와 함께 시간을 보내고 싶은 교사들은 그때마다 애를 태워야 했습니다. 한번은 여름 수련회에 이 아이가 소속된 소그룹 반 전원이 참여했습니다. 이 아이만 빼고 말입니다. 소그룹 교사가 아무리 설득해도 요지부동이었습니다. 그때 그 부모를 통해 이 아이가 어릴 적부터 엄마와의 분리불안이 심하다는 사실을 알게 되었습니다. 이를 계기로 교사들은 그 아이의 분리불안을 위해 기도하기 시작했습니다. 시간이 흘러 이 아이가 수련회에 참여하게 되자 교사 공동체는 감동과 축제의 순간을 맞이했습니다. 그리고 진심으로 격려와 축하를 전해 주었습니다. 이때 만약 가정과 동역하지 않았다면 이 아이는 그저 공동체에 적응하지 못하는 아이로만 인식되었을지 모릅니다.

언젠가 꽃피울 믿음의 모태가 된다 청소년 부서에서 믿음의 꽃을 피우지 못하는 청소년들이 있습니다. 교회 활동에 소극적이거나 신앙 고백을 주저하는 아이들입니다. 하지만 청년이 돼서 믿음의 꽃을 피우는 경우를 종종 봅니다. 그 배경에는 믿음의 가정이 있습니다. 믿음의 가정이 청소년을 구원하는 결정적인 모판이 된 것입니다. 반대로 청소년 부서에서 뜨거운 믿음을 가졌다가 성인이 돼서 신앙의 자리를 떠나는 청소년들의 배경에는, 가정의 믿음에 문제가 생겼거나 신앙생활의 형식만 남고 생명이 사라진 경우가 많습니다. 가정과 부모의 신앙은 청소년의 향후 믿음에 결정적인 영향을 미칩니다. 교사가 부모와 함께 동역하는 것은 청소년의 믿음이 자라나는 모판을 돕는 섬김입니다.

교사가 부모와 함께 걷는 실제적인 방법

기도제목 나누기 서로가 부담 없이 동역할 수 있고, 실제적으로 동역할 수 있는 일입니다. 노련한 교사도 잘 모르는 부모와 동역하기가 쉽지 않습니다. 교사가 청년이거나 경험이 많지 않다면 더더욱 어렵습니다. 그러나 기도제목을 나누는 일은 부담이 덜합니다. 또한 기도의 힘을 모으는 것만큼 실제적인 동역은 없습니다.

교사가 매달 소그룹 운영을 위한 기도제목을 부모에게 공유할 수 있습니다. 뿐만 아니라 부모에게서 기도제목을 받을 수 있습니다. 이때 어쩌다 한 번씩 묻기보다는 정기적으로 묻는 것이 좋습니다. 교사 입장에서는 기도 응답의 열매를 확인할 수 있고, 부모 입장에서는 신뢰를 가질 수 있기 때문입니다. 매달 받는 것이 부담이라면 분기별로 받아도 좋습니다.

기도제목을 받을 때는 구체적인 항목을 정해서 받는 것이 좋습니다. 예를 들어 '자녀의 신앙을 위한 기도', '자녀의 공부를 위한 기도', '부모의 믿음을 위한 기도'와 같이 항목을 나누어서 받으면 구체적이고 실제적인 기도제목을 받을 수 있습니다.

자녀를 위한 기도제목만이 아니라 부모 자신을 위한 기도제목도 함께 받는 것이 좋습니다. 청소년을 자녀로 둔 부모의 경우 자녀와의 갈등이 많습니다. 자녀의 사춘기와 부모의 갱년기가 겹치는 경우도 많습니다. 사춘기 청소년이 고독하고 괴로운 것처럼, 갱년기 부모 또한 외롭고 쓸쓸합니다. 부모가 신앙의 교육과 모범이 될 수 있도록 기도하는 것은 부모와 함께 걸을 수 있는 실제적인 방법입니다.

함께 배우기　꼭 도전해 볼 만한 섬김입니다. 사춘기 청소년을 자녀로 둔 부모들이 자주 하는 말이 있습니다. "그렇게 귀엽고 착했던 우리 아이 어디로 갔지?" 반면에 갱년기 부모를 둔 사춘기 자녀들이 자주 하는 말이 있습니다. "왜 이렇게 우리 엄마 아빠는 짜증과 화가 많을까?" 가정 내의 갈등은 서로를 알면 어느 정도 해소되거나 조절됩니다. 교사와 부모가 함께 모여 사춘기와 신앙 교육에 대해 배우면 큰 도움이 될 수 있습니다.

저와 교사들은 한 달에 한 번씩 부모들과 함께 모여 공부하기를 시도해 봤습니다. 사춘기 신앙 교육 도서 한 권을 정해서 교사와 부모가 돌아가면서 한 챕터씩 읽고 발표하는 방식이었습니다. 그리고 마무리를 기도회로 장식했습니다. 교사와 부모에게 모두 유익한 시간이었습니다. 다음의 주제를 함께 공부해도 좋습니다.

- 10대 이해
- 10대와의 의사소통
- 감정 코칭
- 성경적 세계관
- 건강한 성
- 미디어 중독
- 소명과 진로

사역 나누기 교사 공동체가 매달 혹은 분기별로 어떤 행사와 사역을 하는지 부모와 공유합니다. 행사의 교육 전략을 함께 알면 자연스럽게 행사의 목표를 위해 기도할 수 있습니다.

확정된 결과를 통보하기보다, 부모가 아이디어를 내거나 의사결정에 참여할 여지를 두면 좋습니다. 예를 들어 체육대회를 한다면 어떤 종목을 할지, 어떻게 운영할지에 대해 부모의 아이디어를 구할 수 있습니다. 수련회를 한다면, 부모가 사역자로 동참할 여지를 마련해서 협력할 수 있습니다. 부모는 교회 행사를 위해 동원되는 존재가 아니라 그리스도의 몸에 참여하는 지체입니다.

TIP ✦✦ 부모와 함께 걸을 때 체크할 점

선택이 아니라 필수로 인식하고 있나요?	부모와 함께 걷는 것은 부담되고 힘든 일일 수 있습니다. 하지만 선택이 아니라 필수입니다. 청소년을 가르치는 일에서 부모를 제외하면 큰 효과가 없기 때문입니다.
비밀을 잘 지키고 있나요?	청소년 자녀에 관해 부모와 이야기한 내용을 그 청소년에게 말하는 것을 조심해야 합니다. 동시에 청소년과 이야기한 내용을 그 부모에게 말하는 것을 조심해야 합니다. 이 말들이 가정 갈등의 불씨가 될 수 있고, 교사에 대한 신뢰가 무너지는 계기가 될 수 있습니다.
꼭 알려야 할 것을 알리나요?	청소년과의 비밀을 깨야 할 경우가 있습니다. 청소년 본인이나 타인에게 피해를 끼칠 수 있는 상황입니다. 이 경우 교사 혼자 문제를 해결하려 하기보다 주위 동료 교사나 교역자, 부모에게 알려서 함께 힘을 모아야 합니다.
편견과 판단하는 마음을 내려놓았나요?	부모와 동역하는 데 방해가 되는 마음은 편견과 판단하는 마음입니다. 문제를 일으키는 청소년을 보면 그 부모님에게서 원인을 찾을 때가 많습니다. 가능성이 있는 것은 사실이지만 꼭 그렇지 않을 수 있습니다. 편견과 판단하는 마음을 내려놓아야 합니다.
두려워하는 마음을 내려놓았나요?	부모와 소통하기 전 두려움이 생길 수 있습니다. 이것은 함께 걷는 것을 시작조차 못하게 만듭니다. 막상 시작해 보면 수월해집니다. 진심으로 다가가면 됩니다.

{ 청소년 심방, 이렇게 해보실래요? }

청소년에게 심방은 교사의 마음을 표현하는 도구입니다. 상대방에 대한 진심이 아무리 크고 깊어도 표현하지 않으면 전달되지 않습니다. 심방을 하면 마음을 전달할 수 있기도 하지만, 심방을 하면서 진심이 생기기도 합니다. 마치 누군가를 돌보면서 정이 들고 마음이 깊어지는 것처럼 말입니다. 그래서 심방은 청소년에게도 유익하지만 교사 스스로에게 유익한 시간입니다.

"올래?"가 아닌 "안녕!"

청소년 아이들에게 최고의 심방은 "올래?"(Olleh)가 아닌 "안녕!"(Hello)이라고 말해 주는 것입니다. 보통의 경우, 심방은 '올래 심방'입니다. "이번 주일 교회 올래?" "이번 수련회 올래?"라고 말하는 연락입니다. 물론 이 심방도 필요합니다. 그러나 '안녕 심방'을 이길 수 없습니다. 학교나 학원 현장으로 찾아가서 "안녕!" 가정이나 동네를 찾아가서 "안녕!"이라고 말하는 심방입니다.

학교나 학원을 방문하는 심방 이 심방은 여러모로 의미가 있습니다. 먼저 청소년의 삶의 터전이라고 할 수 있는 학교 현장에 교사가 방문한다는 것은 중요한 메시지를 줍니다. 바로 예수 그리스도께서도 청소년이 거하는 현장에 찾아오신다는 메시지입니다. 다음으로 이 심방은 교회와 학교를 이어 줍니다. 교회와 학교를 이분법적으로 생각하지 않도록 도와줍니다. 사립 미션스쿨이나 기독교 대안학교가 아닌 일반 공립학교를 다니는 아이들은 교회 생활과 학교생활을 분리해서 생각하기 쉽습니다. 학교 현장에 교사가 방문하는 것만으로도 교회와 학교 사이를 가로막고 있는 장벽에 균열을 가할 수 있습니다. 마지막으로 교사 스스로 유익을 얻습니다. 주일에 교회에서 만나는 아이를 학교 현장에서 교복 입은 모습으로 만나면 색다르면서도 친숙한 마음이 듭니다. 교사의 방문에 반가워하는 아이들을 보면서 보람을 느낍니다.

청소년을 섬기면서 교사들과 함께 가장 심혈을 기울였던 것은 아이들이 있는 곳으로 찾아가는 일이었습니다. 이 일은 교사와 학생 서로 원원하는 전략이었습니다. 각종 간식이 담긴 선물 꾸러미와 마음이 담긴 작은 손 편지를 준비해서 점심시간에 학교를 방문했습니다. 학교를 방문하는 날이 평일이어서 회사에 출근하시는 분들은 아쉽게도 함께하지 못했지만, 선물과 손 편지로 진심을 전달했습니다(어떤 분은 월차를 내기도 했고, 월차가 힘드신 분은 주말에 학원과 독서실을 찾아가기도 했습니다).

일반적으로 학교는 외부인이 방문하기 까다롭기 때문에 운동장이나 교문 주변에서 만났습니다. 만나는 시간도 10분에서

15분 안팎으로 그리 길지 않았습니다. 하지만 방문했다는 사실 만으로도 학생들에게 진심이 전달되었습니다. 학생들은 학교에서 교사를 만나고 집으로 돌아가서 부모님께 다음과 같이 말했습니다. "엄마, 오늘 우리 학교에 나 보러 선생님이 찾아오셨는데, 선물과 편지도 주고 가셨어! 완전 대박이지?" 이 말은 들은 부모는 교사에게 감사 인사를 전했습니다. 학교에서 만날 당시에는 별 반응이 없던 학생이, 귀가해서는 감동을 표현했다는 소식을 듣고 교사들은 크게 감격했습니다. 이어지는 주일 소그룹의 분위기가 좋아진 것은 당연한 일이었습니다.

가정이나 동네를 찾아가는 심방　아이들에게 익숙한 공간을 방문하는 심방이 있습니다. 예수 그리스도께서는 십자가에서 죽으시고 부활하신 첫날 저녁때에 제자들이 있는 현장으로 찾아가셨습니다. 제자들은 사람들의 위협이 두려워 모든 문을 잠그고 숨어있는, 실패와 불안의 현장에 있었습니다. 이 현장을 찾아오신 주님은 말씀하셨습니다. "너희에게 평강이 있을지어다"(요 20:19).

현장에 찾아가도 큰 결실이 없을 수 있습니다. 시간 대비 효율이 떨어질 수 있습니다. 하지만 청소년의 현장으로 찾아가서 "안녕!"(Hello) 하고 인사를 전하는 것 자체가 교사와 청소년에게는 의미 있는 일입니다. 찾아오시는 주님을 전하는 기회가 되기 때문입니다.

교사의 현장으로 초대하기

청소년이 있는 현장으로 찾아가는 심방이 있다면, 교사가 있는 현장으로 청소년을 초대할 수 있습니다. 대표적으로는 교사의 집으로 초대하는 일입니다.

저는 기회가 닿는 대로 청소년을 집으로 초대했습니다. 한 동안은 매주 소그룹별로 교사와 학생을 초대해서 대접하고 교제하는 시간을 가졌습니다. 총각 시절, 원룸에서 지낼 때의 일입니다. 한 그룹의 아이들이 집에 방문했습니다. 좁은 방에 비해 많은 아이들이 방문해서 발 디딜 틈이 없을 정도였습니다. 이 그룹의 아이들이 집에 방문한 목적은 명확했습니다. 저의 약점을 잡는 것이었습니다. 약점을 잡아서 저를 놀려 먹기 위함이었습니다. 집에 들어온 아이들은 조직적으로 움직였습니다. 한 그룹은 제가 요리하는 동안 보조해 주는 척을 했고, 다른 그룹은 옆에서 수다를 떨면서 정신을 산만하게 만들었습니다. 남은 한 그룹은 집안 곳곳을 샅샅이 뒤졌습니다. 한 시간 가까이 수색을 한 결과 두 가지를 찾아냈습니다. 키 높이 깔창과 《노출의 모든 것》이라는 책(브라이언 피터슨, 《뛰어난 사진을 위한 노출의 모든 것》)이었습니다. 그 책은 이상한 책이 아니라 사진 촬영 매뉴얼이라고 설명해도 귀를 틀어 막고 들으려 하지 않았습니다. 집으로 돌아가서 부모와 교사에게 복음을 전파했습니다. '우리 중고등부 전도사님은 키 높이 깔창과 노출의 모든 것을 소유했다'는 겁니다.

표적 수사를 계기로 이 아이들과는 허물없는 관계가 되었습니다. 아이들이 교역자인 저를 더 가까이 느끼는 계기가 되었기 때문입니다. 저는 틈나는 대로 교사 분들에게 제안을 합니다. 아이들과 더 친해지고 싶다면 삶의 현장인 집으로 초대해 보시라고 말입니다. 제안대로 했던 분들은 여지없이 다음과 같이 말했습니다. "우리 소그룹 아이들과 확실히 더 가까워진 것 같아요."

아이들을 집으로 초대하는 이유가 있습니다. 저의 청소년 시절 동안 교사를 가장 가깝게 느낀 시간이 바로 집에 초대받았을 때였기 때문입니다. 고등부 시절, 갓 결혼하신 여자 선생님이었습니다. 부부가 맞이해 주셔서 함께 식사하고 이야기 나눴던 경험이 잊히지 않습니다. 그 이후로 그 선생님을 더 신뢰하고 따르게 되었습니다.

청소년 교사의 일주일

청소년을 심방하는 패턴을 다음과 같이 정리할 수 있습니다.

주일	월	화	수	목	금	토
예배와 소그룹	결석한 아이 심방(전화)	안부 연락	학생을 위한 기도	학생을 위한 기도	안부 문자	필요시 심방

청소년 심방의 핵심은 두 가지입니다.

첫째, 결석한 학생들에게는 월요일 안에 필히 심방(연락)을 해야 합니다. 학생이 연락을 기다리고 있을 수도 있고, 생각보다 심각한 일로 결석을 했을 가능성도 있기 때문입니다.

둘째, 심방의 무게 중심은 주말이 아니라 주초에 둬야 한다는 사실입니다. 월요일, 화요일에 집중적으로 만나거나 연락을 시도합니다. 이때의 심방이 가장 가성비가 높습니다. 비교적 주초에 아이들 마음에 여유가 있고 심령이 가난하기 때문입니다. 아이들로서 가장 진심을 느끼는 시간이기도 하고, 교사로서는 목양에 있어 한 주간의 중심을 잡을 수 있습니다. 가장 가성비가 낮은 심방은 주말에 몰아서 이뤄지는 것입니다. 주말은 아이들이 가장 정신이 없을 때고, 심령이 배부를 때이기 때문입니다. 주말에 몰아서 하는 연락은 아이들과 교사 모두에게 부담됩니다.

오늘 걷지 않으면 내일은 뛰어야 합니다

마크 드브리스는 청소년을 돌보는 것과 관련해서 흥미로운 이야기를 합니다. 일명 개구리 먹기[4]입니다. 다음의 상황을 가정해 봅시다. 우리는 매일 각자 앞에 놓인 접시에 작은 개구리 한 마리를 받아서 먹어야 합니다. 우리가 매일 하는 일들 중에서 '작고 끈적이고 팔딱이는 개구리를 먹는 일'은 결코 우리가 원하는 첫 번째 일은 아닐 겁니다. 그렇지만 우리는 매일 개구리를 먹어야 합니다. 이 개구리가 바로 '청소년에게 연락하는 일'일 수 있습니다. 우리가 청소년 돌봄을 지속하려면 어쨌든 이 개구리를 매일 먹어야 합니다. 오늘의 개구리를 먹지 않으면 내일은 두 마리를 먹어야 하기 때문입니다.

마크 드브리스는 청소년을 섬기는 이들이 자포자기 상태에 빠지는 이유는 날마다 먹어야 하는 이 개구리, 즉 우리에게 주어진 사소한 일을 넘기는 데에서 비롯된다고 말합니다. 오늘 할 연락을 하지 않으면 그것이 쌓여 부담은 커지고 의욕은 상실하게 됩니다. 우리가 하고 싶은 일과 우리가 해야 할 일 사이에서 청소년에게 연락하는 일은 개구리를 먹는 것과 같을 수 있습니다. 그러나 해야 합니다. 해보면 할 만해집니다. 이 말은 마치 청소년들이 즐겨 사용하는 격언을 닮았습니다. "오늘 걷지 않으면 내일은 뛰어야 합니다." 내일은 오늘이 결정합니다.

교사 공동체가 할 수 있는 심방

청소년의 시작과 마무리를 위해 청소년 교사 공동체가 함께 격려하고 위로하는 자리를 마련할 수 있습니다.

신입생 모든 것이 어색할 시기입니다. 학교도 청소년부도 어색합니다. 그 어느 때보다 청소년 교사 공동체의 격려가 필요합니다. 개인적으로 깜짝 심방을 시도해 봤습니다. 주일 오후, 교사들이 조별로 나뉘어서 각자 배정된 신입생이 있는 동네로 깜짝 방문하는 형식입니다. 출발할 때는 학생마다 다른 선물을 준비합니다. 그리고 신입생 부모와 소통하면서 깜짝 이벤트를 기획합니다. 예를 들면 약속된 시간에 교사가 한 신입생의 집 앞이나 골목에서 기다리고 있으면 부모가 집 앞에 있는 슈퍼마켓으로 심부름을 시킵니다. 신입생이 집 앞으로 나오면 교사가 기다렸다가 깜짝 등장하여 격려해 주는 형식입니다. 교사 공동체가 부모와 긴밀히 협력하여 심방을 했다는 점에서, 신입생을 위해 공동체가 방문을 했다는 점에서 의미가 깊은 심방이었습니다.

졸업생 모든 마지막이 그렇듯이 아쉬울 시기입니다. 청소년 교사 공동체의 격려가 필요합니다. 수학능력시험을 치르는 당일 아침에 수험장을 찾아가 격려할 수 있습니다. 또 주일학교 졸업을 앞두고 격려할 수 있습니다. 이때는 청소년 교사 공동체가 두 그룹을 초청하면 좋습니다. 다른 부서의 교사들과 청년부 선배들입니다. 주일학교 전체의 열매인 졸업생들을 격려하고, 이후로도 신앙생활을 이어 가도록 응원합니다.

우리 주일학교 교사의 목적은, 청소년을 명문대에 입학시키는 일이 아니라 청년부(혹은 대학부)에 입학시키는 일입니다. 청년부에 올라가서도 잘 적응하고 신앙생활을 이어 가도록 교사 공동체가 격려해 줄 필요가 있습니다.

성공적인 심방을 위한 제안

생각났을 때 바로 연락해 보세요 일상생활 중에 갑자기 한 학생이 생각이 생각날 수 있습니다. 그때는 가볍게 메시지라도 남겨 보세요. "잘 지내지?" "별일 없지?" 가벼운 메시지가 깊은 대화로 이어질 수 있습니다. 보통 이런 경우 그 학생을 위로하거나 격려할 수 있는 지점을 만나게 됩니다.

두려움 없이 연락해 보세요 대화 진행이나 반응이 두려운 상태에서 하는 연락은 시작부터 위축될 수 있습니다. 그저 친구에게 연락하듯 편안하게 연락을 해보세요. 연락을 시도하는 교사의 마음이 편안해야 상대방인 청소년도 편안하게 연락을 받을 수 있습니다.

이유를 추궁하기보다 안부를 물어보세요 주일예배를 결석한 아이에게 "너 왜 안 왔어?"라고 이유를 추궁하기보다 "잘 지냈니?"라고 안부를 물어보세요. 그러면 대화가 더 부드러워질 수 있습니다.

도움 구하기 학생을 심방할 때는 다른 동료교사나 학생에게 도움을 구해 보세요. 찾아가거나 식사하는 자리에 동행할 수도 있습니다. 때론 혼자 만나는 것보다 동행이 있으면 더 힘이 날 수 있습니다.

부모님도 함께 심방하기 학생을 심방할 일이 있거나 연락할 일이 있을 때는 열 번 중에 다섯 번 정도는 부모님도 함께 연락해 보세요. 연락하는 것이 부담이라면 대화 주제를 자녀로 한정하는 것이 좋습니다. 예를 들어 "자녀를 위해 기도할 것은 없을까요?", "자녀가 요즘 특별히 힘들어 하는 건 없을까요?" 하고 자녀에 관해서만 물으면 됩니다.

우리들
이대로 괜찮을까?

믿음의 가정임에도 부모님이 세상의 기준으로 양육하시는 것 같다. 예배나 수련회 보다 공부가 우선이다.

자녀를 위한 부모의 걱정과 염려는 누구에게나 있는 감정입니다. 염려와 믿음의 문제는 우리 모든 믿는 이들이 싸우는 주제입니다. 사람마다 주제만 다를 뿐 결국 염려와 믿음의 문제입니다. 정죄하기보다 먼저 공감해야 합니다. 정죄는 아무것도 바꿀 수 없기 때문입니다. 부모의 우선순위 문제는 청소년 부서나 교사 차원에서 다루기 버거운 주제입니다. 교회 전체적인 차원에서 다룰 수 있도록 담임 목사님에게 요청하거나 이 주제를 자주 공론화해서 노출시키는 것도 방법입니다.

교회를 안 다니거나 타종교인 부모의 경우에 교회 모임을 부정적으로 생각하신다.

부모의 공통 언어는 '자식 사랑'입니다. 보통의 경우 종교나 생각을 초월해서 부모는 자녀를 사랑합니다. 본인의 자녀에게 관심을 가지고 지극정성으로 돌보는 사람에게 결국은 고마운 마음이 들기 마련입니다. 꾸준히 사랑으로 돌봐 주세요. 행사가 있을 때는 미리 어떤 일을 하는지 상세하게 안내하고, 행사가 마쳤을 때 아이가 활동하는 사진이나 피드백을 공유하는 것도 소통을 열어 가는 방법입니다.

교사들이 자신의 영역을 정해 놓고 선을 넘었다고 말하거나 경쟁할 때 연합이 어렵다.

'불통'의 답은 '소통'입니다. 터놓고 이야기할 수 있는 장을 자주 마련하는 것이 좋습니다. 진정한 소통이 되려면 상대가 한 말 자체보다 그 속에 담긴 의미를 파악해야 합니다. 소통의 장이 없으면 표현만으로 인해 오해와 불신이 깊어집니다. 소통의 자리에서 어떤 것을 염려하고 어떤 것을 바라는지 구체적으로 나눠야 합니다.

소통의 장을 마련할 때 꼭 지켜야 할 원칙이 있습니다.

- 첫째는 서로 예의를 지키는 것입니다. 상대의 말을 비꼬거나 말꼬리를 잡는 것, 비난하는 태도는 조심하기로 약속해야 합니다.
- 다음은 성경에서 말하는 공동체를 기준으로 소통하는 것입니다. 성공적인 소통은 자유로운 소통이 아니라 순종하는 소통입니다. 사람 중심의 소통이 아닌, 성경 중심의 소통이어야 합니다. 소통의 과정에서 성경이 말씀하시는 바를 찾아가는 목표를 잃으면, 원활한 소통이 될 순 있어도 성공적인 소통이 될 수는 없습니다. '그리스도의 몸'으로서의 공동체는 어떠해야 하는지 지속적으로 묻고 찾아갑니다.
- 마지막 원칙은 교사를 위한 소통이 아니라 청소년을 온전하게 하려는 동기로 소통하는 것입니다. 청소년을 소유하는 주인 의식이 아닌, 청소년을 돌보는 청지기 의식을 유지해야 합니다.

에필로그

J. R. R. 톨킨은 《반지의 제왕》의 작가로 잘 알려져 있습니다. 그는 이 대작을 집필하던 중 깊은 슬럼프에 빠졌습니다. 오랫동안 작품에 몰두하면서 체력이 소진되었고, 작품을 완성하지 못할 수 있다는 두려움에 빠졌습니다. 그러다 한 가지 아이디어가 떠올라 《니글의 이파리》라는 짧은 소설[1]을 쓰게 되었습니다.

이 단편 소설의 주인공은 니글이라는 사람입니다. 그림을 그리는 화가였지만 사람들에게 별 주목을 받지 못했습니다. 그는 그리고 싶은 그림이 있었습니다. 작은 이파리 하나로 시작해서 거대한 나무가 탄생하고 그 배경에는 아름다운 자연 경관이 그려진 그림이었습니다. 니글은 자신의 머릿속에 있는 그림을 구현해 내기 위해 사다리에 올라가서 그려야 할 만큼 큰 캔버스를 준비했습니다. 그러나 그림은 생각만큼 진전이 없었습니다. 사소한 도움을 요청하는 이웃들 때문에 그릴 시간이 부족했습니다. 또 니글은 이파리 하나를 그리는 데 너무 많은 시간을 할애했습니다. 결국 그는 몸이 불편한 이웃을 도우려고 길을 나섰다가 병을 얻어 죽음에 이르게 됩니다. 불쌍한 니글은 자신의 마지막 순간에 눈물을 흘리며 말했습니다. "아직 끝내지도 못했는

데!"결국 그의 미완성 그림은 아무에게도 주목받지 못한 채 남겨졌습니다.

이 이야기의 클라이맥스는 세상을 떠난 니글이 하늘나라로 올라가면서 만나는 광경입니다. 하늘나라에 도달하자 거기에는 그가 그토록 꿈꾸고 염원했던 거대한 나무가 완성되어 있었습니다. 그 웅장한 나무 뒤에는 생명이 숨 쉬는 숲이 자리하고 있었습니다. 그는 그 나무를 향해 두 팔을 들어 활짝 벌리며 외쳤습니다. "이건 선물이야!"

적지 않은 시간 동안 청소년 교사분들을 만나면서, 늘 빚진 마음이 있었습니다. 어느 부서나 마찬가지겠지만, 청소년 부서는 교사분들의 많은 희생이 필요한 부서이기 때문입니다. 몸과 마음이 요동치는 사춘기 아이들을 만나 사랑과 고통으로 돌보다 보면 어느새 아이들은 훌쩍 커서 우리 품을 떠나게 됩니다. 질풍노도와 아쉬움이 공존하는 청소년 부서에서 헌신하는 교사분들을 진심으로 응원하고 싶었습니다.

청소년 교사, 놀라운 선물입니다. 비록 우리들은 니글처럼 지지부진해 보이고, 청소년이 생각대로 움직여 주지 않고, 시간을 낭비하는 것처럼 느껴질 수도 있습니다. 그러나 우리는 하나님의 놀라운 그림에 초대되었습니다. 우리가 만나는 한 영혼, 우리가 청소년들과 함께 보내는 이 시간이 하나님 나라에서는 결코 헛되지 않습니다. 하나님이 우리의 모든 사랑과 헌신을 사용하실 것입니다. 바로 이것이 우리에게 가장 놀라운 선물입니다. 청소년 교사 여러분! 우리는 하나님 나라와 청소년과 다음 세대에 놀라운 선물입니다!

주

영적 부모

1. 양병무,《감자탕교회 이야기》(파주: 김영사, 2006), 79쪽.
2. 더글라스 스튜어트, 김병하 역,《호세아-요나: WBC 성경 주석 시리즈》(서울: 솔로몬, 2011), 883쪽.
3. 오스기니스, 홍병룡 역,《소명》(서울: IVP, 2002), 53쪽.
4. 하워드 헨드릭스, 정명신 역,《삶을 변화시키는 가르침》(서울: 생명의말씀사, 2013), 10-11쪽.
5. 헨리 나우웬, 윤종석 역,《춤추시는 하나님》(서울: 두란노, 2010), 111쪽.

온전함

1. 나탈리 르비샬, 배영란 역,《청소년, 코끼리에 맞서다》(서울: 한울림, 2012), 121쪽.
2. 최성애 · 조벽,《청소년 감정코칭》(서울: 해냄출판사, 2013), 63쪽.
3. 정옥분,《발달심리학》(서울: 학지사, 2013), 418쪽.
4. 나탈리 르비샬, 배영란 역,《청소년, 코끼리에 맞서다》(서울: 한울림, 2012), 82쪽.
5. 위의 책, 73쪽.
6. 위의 책, 55쪽.
7. 위의 책, 71쪽.
8. 전국 중고등학생 89명 글 · 자토 그림,《왜 그러세요, 다들》(서울: 창비교육,

2019), 24쪽.

9. 김두식, 국가인권위원회 편,《불편해도 괜찮아》(파주: 창비, 2020), 17-
   18쪽.

10. 김현수,《중2병의 비밀》(서울: 알피스페이스, 2018), 169쪽.

11. 박노해,《오늘은 다르게》(서울: 해냄, 1999), 129쪽.

하게 함

1. 켄다 크리시 딘·론 포스터, 배정훈 역,《하나님을 잉태하는 청소년
   사역》(서울: 복있는사람, 2006), 134쪽.

2. 존 스토트, 정옥배 역,《에베소서 강해: BST 성경 강해 시리즈》(서울: IVP,
   2010), 204쪽.

3. 정석원,《청소년 사역 핵심파일》(서울: 홍성사, 2021), 110쪽.

4. Parker J. Palmer, *The Active Life: Wisdom for Works, Creativity,
   and Caring*(San Francisco: Harper San Francisco, 1990), 136,
   138쪽.

5. 육명심,《사진으로부터의 자유》(서울: 눈빛출판사, 2005), 19쪽.

6. 최성애·조벽,《청소년 감정코칭》(서울: 해냄, 2013), 21쪽.

7. 존 파이퍼, 윤종석 역,《하나님께 굶주린 삶》(서울: 복있는사람, 2013),
   214쪽.

8. 이기복,《성경적 부모교실》(서울: 두란노, 2018), 142쪽.

9. 팀 켈러, 오종향 역,《팀 켈러의 복음과 삶》(서울: 두란노, 2018), 27-28쪽.
   이 내용을 청소년에 맞게 재구성하였습니다.

그리스도의 몸

1. 존 스토트, 정옥배 역,《에베소서 강해: BST 성경 강해 시리즈》(서울: IVP,
   2010), 206쪽.

2. 김종훈,《교사, 함께 할수록 빛나는》(인천: 템북, 2020), 53쪽.

3. 레지 조이너, 김희수 역,《싱크 오렌지》(서울: 디모데, 2011), 93쪽.

4. 마크 드브리스, 안영혁 역,《새로운 청소년부가 온다》(서울: 그리심, 2012),
   178-180쪽.

에필로그

1. J.R.R. 톨킨, 이미애 역《위험천만 왕국 이야기》(서울: 씨앗을뿌리는사람,
   2007), 205-243쪽.

청소년 교사를
부탁해

워크북

워크북 활용법

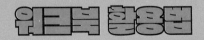

이 워크북은 《청소년 교사를 부탁해》의 내용을
[마주하기] [책 속으로] [적용하기] [기도하기]로 구성하였습니다.
이를 활용할 수 있는 방법은 다음과 같습니다.

1. 시간과 장소를 정해 주세요. 꾸준한 나눔을 위해 고정된 시간과 장소가 필요합니다.
2. 그룹을 결성해 주세요. 두 사람 이상의 그룹을 이뤄 나눌 수 있도록 구성되어 있습니다.
3. 책 내용을 활용해 주세요. 책의 핵심 내용을 정리할 수 있도록 구성되어 있습니다.
4. 진솔한 답을 나눠 주세요. 이 워크북은 질문들로 구성되어 있습니다.
5. 비밀을 지켜 주세요. 나눔의 내용이 새어 나가지 않게 해주세요.

1. 영적 부모

[마주하기]

1. 청소년 교사로 섬기게 된 계기가 무엇인가요?

2. 청소년 교사로서 어려운 점과 보람을 느끼는 점을 각각 하나씩 나눠 봅시다.

    - 어려웠던 점

    - 보람을 느끼는 점

3. 청소년 시절에 그리스도의 흔적을 남겨 준 분이 있다면 누구입니까?

(이유도 함께 나눠 주세요.)

4. 청소년을 섬기면서 우리를 힘들게 하는 반응은 다음과 같습니다. (33쪽)

> · 학생들이 나를 좋아하지 않는다고 느낄 때
>
> · 시간과 물질을 들여 맛있는 것을 사줬지만 고마워하지 않을 때
>
> · 전화를 해도 받지 않고 문자를 보내도 답장이 없을 때
>
> · 심방을 가려 해도 만류하고 심방을 가도 반응이 시큰둥할 때
>
> · 소그룹, 공과 시간 내내 지루해하고 시계만 쳐다볼 때

4-1. 이것 외에도 나를 힘들게 만든 반응이 있다면 무엇인가요?

4-2. 청소년의 그 반응에 대한 나의 반응은 무엇이었나요?

4-3. 지금 그때로 다시 돌아간다면 나의 반응은 어떨 것 같나요?

5. 고린도전서 4장 15-16절 말씀을 다 같이 읽어 봅시다.

15 그리스도 안에서 일만 스승이 있으되 아버지는 많지 아니하니 그리스도 예수 안에서 내가 복음으로써 너희를 낳았음이라

16 그러므로 내가 너희에게 권하노니 너희는 나를 본받는 자가 되라

5-1. 나를 영적 부모로 부르신다면 내가 가질 목표는 무엇일까요?

5-2. 나를 영적 부모로 부르신다면 내가 포기해야 할 것은 무엇일까요?

6. 청소년에게 필요한 말씀, 예배, 기도, 인내, 사랑의 내용은 다음과 같습니다. (37쪽) 내가 섬기는 청소년들에게 가장 필요한 것은 무엇인가요? (이유도 나눠 주세요.)

말씀 ― 하나님 말씀을 먹이는 것

말씀은 밥입니다. 영혼을 살아나게 하고, 또 살아가게 하는 밥입니다. 말씀이 없이는 믿음으로 살 수 없습니다. 때를 얻든지 못 얻든지 하나님의 말씀을 먹여야 하는 이유입니다.

예배 ― 살아 있는 예배를 경험하도록 하는 것

예배는 드림입니다. '보는 것'이 아니라 '드리는 것'입니다. 관람석에서 구경하지 않고 제단에서 진실한 고백과 헌신, 결단을 드리는 것으로 살아 있는 예배를 경험합니다.

기도 ― 보이지 않는 곳에서 울어 주는 것

기도는 호흡입니다. 보이는 곳에서의 백 마디 말보다 보이지 않는 곳에서의 한 마디 중보기도가 힘을 전합니다. 청소년은 보이지 않는 곳에서 울어 주는 한 사람이 필요합니다.

인내 ― 끝까지 견디어 주는 것

인내는 변화입니다. 인내로 생명을 얻습니다. 생명이 탄생하고 성장하는 여정은 필수적으로 인내를 필요로 합니다. 청소년 옆에서 끝까지 견디어 주는 사람이 필요합니다.

사랑 ― 조건 없는 사랑을 보여 주는 것

사랑은 흔적입니다. 받을 것을 계산하지 않고 조건 없이 낭비할 때 지워지지 않는 흔적을 남깁니다. 주님의 조건 없는 사랑을 흉내 내는 것은 그리스도의 흔적을 남기는 일입니다.

7. 교사의 영혼 중심잡기, N.I.B.C.의 내용은 다음과 같습니다. (47쪽) **아래의 내용 중 현재 나에게 가장 필요한 것은 무엇인가요?** (이유도 함께 나눠 주세요.)

N — Nobody "나는 아무것도 아닙니다"

N.I.B.C.는 'Not I, But Christ'(내가 아니라 오직 주님)의 줄임말입니다. 우리의 영적 건강은 세례 요한이 '나는 그리스도가 아니다'라고 외쳤던 고백에서 시작합니다. '나는 주인이 아닙니다', '나는 할 수 없습니다', '나의 뜻대로 살 수 없습니다'라는 고백입니다.

I — Influence "주님의 영향을 받겠습니다"

우리 영혼은 영향을 받습니다. 누구에게 영향을 받는가가 우리 영적 건강을 결정합니다. 더 정확하게는 그리스도께 영향을 받는가 그렇지 않는가에 달려 있습니다. 매일의 말씀 묵상과 기도 시간은 주님의 영향을 받는 가장 확실한 통로입니다.

B — Body "나는 그의 몸입니다"

우리는 '홀로' 지어져 가는 그리스도의 몸이 아닙니다. '함께' 지어져 가는 그리스도의 몸입니다. 공동체를 소홀히하거나 배제하는 신앙에는 결국 빨간불이 들어오기 마련입니다. 한 몸의 다른 지체로 불러 주신 공동체 안에 연결되어 서로 양분을 나누어야 합니다.

C — Continue "지속적으로 나아갑니다"

건강은 약함을 전제합니다. 약함이 없기 때문에 건강한 것이 아니라, 약함을 극복할 수 있기 때문에 건강하다고 말할 수 있습니다. 마찬가지로 영적 건강은 실패를 전제합니다. 실패는 영적 건강의 걸림돌이 아니라 디딤돌입니다. 넘어져도 다시 일어나서 나아가야 합니다.

[적용하기]

8. 영어 단어 '티처블'(Teachable)은 '잘 배우는'이라는 뜻을 가지고 있습니다. 내가 잘 가르치기 위해서 배워야 할 것이 있다면 무엇인가요?

9. 하나님의 자녀로서 내가 매일 지켜야 할 자리가 있다면 무엇일까요?

10. 하나님이 내가 섬기는 청소년들에게 격려와 응원의 메시지를 전하신다면 어떤 문장이 될까요? (직접 구상해서 써보세요.)

[기도하기]

11. 1부 〈영적 부모〉를 돌아보면서 생기는 기도제목을 나눠 주세요.

12. 아래 기도제목으로 함께 기도해 봅시다.

> 요나서 4장 11절에서 니느웨 백성은 '좌우를 분변하지 못하는 자들'이었습니다. 즉 선악을 구별하지 못하는 백성들이었습니다. 오늘날의 니느웨 백성은 청소년이라고 할 수 있습니다. 미전도 종족으로 불릴 만큼 복음을 알지 못하는 세대, 선과 악을 구별하지 못하는 세대이기 때문입니다. 우리가 섬기는 청소년뿐만 아니라 이 땅의 청소년들이 복음을 깨닫고 선악을 분별하는 거룩한 백성들이 될 수 있도록 기도해야 합니다.

[수고하셨습니다]

2. 온전함

[마주하기]

1. 나의 청소년 시절로 돌아가서 두 가지를 생각해 봅시다.

    1-1. 청소년 시절에 믿음을 가지게 됐다면, 그 계기가 무엇인가요?

    1-2. 청소년 시절에 믿음을 갖지 못했거나 믿음이 약해졌다면, 그 이유가 무엇인가요?

2. 나의 청소년 시절, 선생님(학교, 교회)에게 가장 듣고 싶었던 권면과 위로의 말은 무엇인가요?

    - 권면의 말

[책 속으로]

2부의 핵심 내용을 읽어 봅시다.

> 청소년의 온전함을 위해서 네 가지 관계의 회복이 필요합니다. 하나님과의 관계, 자신과의 관계, 공동체와의 관계, 세상과의 관계 회복입니다. 이 네 가지 회복 가운데 어느 하나 중요하지 않은 것이 없습니다. 고루 회복하고 성장해야 합니다. 청소년을 안다는 것은 사랑한다는 것입니다. 청소년기의 변화를 알아 갈수록 더 사랑하게 됩니다. 동시에 더 사랑할수록 더 알게 됩니다.

3. 다음은 청소년이 회복해야 할 네 가지 관계입니다. (60쪽)

체크	관계	가르침의 초점
	하나님과의 관계	지정의를 사용하여 하나님을 알아가고 하나님과 동행하는 것
	자신과의 관계	하나님의 소유라는 정체성과 그리스도의 성품을 닮아 가는 것
	공동체와의 관계	자기중심의 판단이 아닌 하나님 중심으로 서로 용납하는 것
	세상과의 관계	복음으로 세상을 해석하고 창조물을 책임지고 돌보는 것

3-1. 우리가 만나는 청소년은 어떤 관계의 회복이 필요한가요? 위 네 가지 중에서 두 가지를 체크해서 이유를 나누어 주세요.

3-2. 위의 네 가지 관계가 제대로 회복되지 않았을 때 어떤 문제가 생길까요?
- **하나님**과의 관계가 회복되지 않았을 때

- **자신**과의 관계가 회복되지 않았을 때

- **공동체**와의 관계가 회복되지 않았을 때

- **세상**과의 관계가 회복되지 않았을 때

4. 다음은 청소년을 지칭하는 단어들입니다.

> 호모중딩쿠스(새로운 인류), 외계인(인류와 다른 존재),
> 중2병(환자), 시한폭탄(위협적 존재)

4-1. 위와 같은 청소년의 별명은 다른 사람들에게 어떤 이미지를 심어 줄까요?

4-2. 청소년에 대한 부정적인 별명이 아닌 긍정적인 별명을 지어서 발표해 봅시다. (긍정적인 별명을 이야기할 때 본인이 만난 청소년의 사례를 들어 말해 주세요.)

[적용하기]

5. 다음은 청소년기의 대표적인 변신(성장)입니다. 책에서 소개하는 변화에 대한 교사의 언어(64-73쪽)를 읽어 보세요.

> 신체(body) 뇌(brain) 성(sex) 생각(thinking) 사회(society)

5-1. 내가 갖춰야 할 언어는 무엇인가요?

5-2. 내가 피해야 할 언어는 무엇인가요?

6. 책에서 소개하는 부탁해#8 내가 맡은 학년, 이렇게 해보실래요?(76-85쪽)
를 읽어 보세요.

6-1. 내가 맡은 학년을 잘 돌보기 위해 필요한 것은 무엇인가요?

6-2. 내가 맡은 학년을 잘 돌보기 위해 불필요한 것은 무엇인가요?

7. 청소년을 섬기는 교사로서 다음의 내용을 완성해 봅시다.

   - 나는 _____ 하기로 결단한다.

   - 비록 실패할지라도 계속 _____ 하기를 애쓰겠다.

[기도하기]

8. 2부 〈온전함〉을 돌아보면서 생기는 기도제목을 나눠 주세요.

9. 아래 기도제목으로 함께 기도해 봅시다.

> 청소년은 변하는 중입니다. 크게 신체, 뇌, 성, 생각, 사회의 영역에서 자라 가고 있습니다. 예수 그리스도께서 지혜와 키가 자라며 하나님과 사람에게 더욱 사랑스러워져 가셨던 것처럼(눅 2:52) 하나님과 자신, 공동체와 세상 사이에서 건강하게 자라 가도록 기도해야 합니다.

[수고하셨습니다]

3. 하게 함

[마주하기]

1. 우리 주위에서 청소년이 좋은 영향을 끼친 사례가 있다면 이야기해 봅시다.

2. 청소년 시절에 교회에서 봉사했거나 누군가를 위해 섬겼던 추억이 있다면 나눠 봅시다.

[책 속으로]

3부의 핵심 내용을 읽어 봅시다.

청소년은 명사가 아니라 동사입니다. 단순한 돌봄의 대상이 아니라 함께 공동체를 세우는 동역자입니다. 이는 청소년 교사의 프로그램이 아니라 사명입니다. 그리스도의 몸을 함께 이루기 위해 섬김의 공간을 만들어 권위를 나눠 주고, 격려로 세워 주는 역할이 필요합니다. 청소년과의 소통은 옳고 그름을 따지거나 선입견과 편견을 가지거나 해답을 제시하기 보다 먼저 공감하고 용납할 때 시작됩니다. 청소년과의 소그룹은 교사가 분명한 메시지를 가지고 임해야 하며, 경청하고, 열린 질문을 던져야 합니다.

3. 다음은 청소년과 함께하는 유형입니다. (104쪽)

유형1	유형2	유형3	유형4
나는 그것을 한다	나는 그것을 하고, 너는 돕는다	너는 그것을 하고, 나는 돕는다	너는 그것을 하고, 나는 다른 것을 시작한다

3-1. 나는 어느 유형에 가깝다고 생각하나요? (그 이유도 나눠 주세요.)

3-2. 우리 부서는 어느 유형에 가깝다고 생각하나요? (그 이유도 나눠 주세요.)

4. 다음은 청소년들이 섬기는 자리에 대한 한 예시입니다. (108쪽)

팀	하는 일
예배팀	공동체의 온오프라인 예배를 위해 일합니다. 찬양팀 구성 및 운영, 음향 엔지니어, 예배 PPT 작성, 악기 관리, 각종 집회를 맡습니다.
문서팀	공동체의 소통을 위해 일합니다. 주보 만들고 나누기, 행사 홍보 포스터, 큐티책 홍보 및 판매, 신앙도서 읽기 캠페인을 합니다.
봉사팀	공동체의 정리 정돈을 위해 일합니다. 예배실 정리 정돈, 청소년 멘토링 매칭, 수련회, 야외 활동(예배, 체육대회) 장소 기획을 합니다.
선교팀	공동체의 나눔을 위해 일합니다. 국내·해외 단기선교 훈련 및 현장 섬김이, 청소년 전도축제, 새 멤버 섬김, 학교 선교에 힘씁니다.
레크팀	공동체의 친교를 위해 일합니다. 예배 친교, 생일파티, 새가족 환영, 체육대회·야외예배·수련회 레크리에이션 진행을 맡습니다.

4-1. 우리 부서에서 청소년과 동역한다면 어떤 한계(부족함, 단점)가 있을까요?

4-2. 우리 부서에서 청소년과 동역한다면 어떤 긍정적 변화가 있을까요?

5. 다음은 청소년들과 동역하는 데 필요한 생각입니다. 공감이 가는 세 가지를 체크해 보세요. (그 이유도 나눠 주세요.)

체크	생각	체크	생각
	어수선해도 동역한다는 것이 더 가치 있다.		나는 아이들을 온전하게 하는 일에 집중할 것이다.
	섬김 공동체는 영적 성장에 도움을 줄 수 있다.		내가 하는 일을 내가 먼저 존중하면 된다.
	방향만 잃지 않는다면 결국 잘 돌아갈 것이다.		내가 해야 할 일이 더 분명해질 것이다.
	소명감을 가지게 하면 공부에도 힘이 된다.		아이들은 믿어 주고 세워 주는 만큼 자란다.
	봉사를 하면서 동시에 믿음을 훈련할 수 있다.		문제 속에서도 성장하도록 코칭 할 수 있다.

[적용하기]

6. 책에서 소개하는 청소년과의 대화를 망치는 3가지 실수(125-127쪽)를 읽어
보세요.

6-1. 아래와 같은 일이 벌어진다고 상상하며 네 가지 다른 대화법
으로 대답을 적어 보세요.

- 옳고 그름을 따지기

- 선입견과 편견으로 대하기

- 해답을 제시하기

- 공감과 용납으로 받아 주기

7. 책에서 소개하는 부탁해#15 청소년 소그룹, 이렇게 해보실래요?(137-152쪽)를 읽어 보세요. 청소년 소그룹을 위한 기술 다섯 가지 중에서 내게 가장 필요한 기술은 무엇인가요? (그 이유도 나누어 주세요.)

[기도하기]

8. 3부 〈하게 함〉을 돌아보면서 생기는 기도제목을 나눠 주세요.

9. 아래 기도제목으로 함께 기도해 봅시다.

> 청소년은 명사가 아니라 동사입니다. 돌봄만 받는 존재가 아니라 함께 동역하는 존재입니다. 소수만 일하는 것이 아니라 모두가 일할 수 있는 공간이 만들어져야 합니다. 부서뿐만 아니라 소그룹 내에서도 청소년들이 수동적인 자리에 머물러 있기보다 능동적으로 말씀을 받고 사명을 위해 봉사할 수 있도록 기도해야 합니다.

[수고하셨습니다]

4. 그리스도의 몸

[마주하기]

1. 교회 공동체 안에서 얻은 영적인 유익이 있다면 이야기해 봅시다.

2. 청소년 교사로서 한 영혼이 천하보다 귀하다는 사실을 느끼는 때는 언제인가요?

[책 속으로]

4부의 핵심 내용을 읽어 봅시다.

> 청소년 교사 공동체는 생명을 잉태하는 모태입니다. 그리고 생명이 자라는 모판입니다. 우리의 전부를 걸어서 한 영혼을 건질 수 있다면 비교할 수 없는 영광입니다. 그 일을 공동체가 합니다. 교사 공동체의 걸림돌은 '나 하나쯤이야'라는 생각입니다. 반면에 건강한 교사 공동체의 디딤돌은 '나 하나라도'라는 생각입니다. 건강한 공동체는 언제나 '나'로부터 시작하기 때문입니다. 교사 공동체를 통해서 함께 자라갈 수 있으며 믿음의 유산을 물려줄 수 있고, 부모와 동역할 수 있습니다.

3. 우리 교사 공동체가 특별히 관심을 가지고(아픔을 감수하고라도) 품어야 하는 청소년은 어떤 학생일까요? (학생의 실명을 거론할 필요는 없습니다.)

4. 한 영혼을 잉태하고 살리려면 치러야 할 대가가 있습니다.

    4-1. 교사로서 나는 무엇을 할 수 있을까요?

    4-2. 교사 공동체는 무엇을 할 수 있을까요?

5. 에베소서 4장 13절 말씀을 다 같이 읽어 봅시다.

> 13 우리가 다 하나님의 아들을 믿는 것과 아는 일에 하나가 되어 온전한 사람을 이루어 그리스도의 장성한 분량이 충만한 데까지 이르리니.

5-1. 교사 공동체가 하나 되게 하는 일에 나를 부르신다면 내가 포기할 것은 무엇일까요?

5-2. 교사 공동체가 하나 되게 하는 일에 나를 부르신다면 내가 해야 할 결단은 무엇일까요?

6. 책에서 소개하는 부탁해#17 함께 자라 가는 중입니다(164-174쪽)를 읽어 보세요.

6-1. 교사들이 함께 성장하는 커리큘럼의 다섯 가지 영역 중에서, 나에게 필요한 주제는 무엇인가요?

6-2. 교사 공동체에서 교사들이 함께 성장하는 커리큘럼을 함께 공부한다면, 나는 다섯 가지 영역 중 무엇을 연구해서 나눌 수 있을까요?

7. 우리 곁을 살았던 믿음의 선배들은 다음과 같습니다. (178쪽)

우리 곁을 살았던 믿음의 선배들

주제	인물	하나님의 스토리
선교 (해외)	새뮤얼 F. 무어	하나님의 복음은 사람의 신분과 계급을 초월합니다.
	헨리 G. 아펜젤러	하나님은 복음으로 모든 것을 변화시키십니다.
	호러스 G. 언더우드	하나님은 성경을 사랑하는 자를 사용하십니다.
성경	윌리엄 D. 레이놀즈	하나님은 말씀을 사람들의 눈높이에 맞게 전하십니다.
	존 로스	하나님은 성경을 전하려는 열정을 사용하십니다.
	제임스 S. 게일	하나님은 성경을 전하는 일에 다른 이들과 동역하게 하십니다.
선교 (국내)	길선주	하나님은 회개와 복음 전파가 있는 곳에 열매 맺게 하십니다.
	이기풍	하나님은 복음에 빚진 마음으로 사랑을 실천하게 하십니다.
	최권능(최봉석)	하나님은 그의 자녀를 예수님으로 꽉 차도록 하십니다.
교육	남궁억	하나님은 사랑과 이웃사랑 사이에 균형을 이루게 하십니다.
	안창호	하나님은 우리를 어두운 세상에서 빛의 자녀로 부르십니다.
	호모 B. 헐버트	하나님은 이웃들과 함께 웃고, 함께 울게 하십니다.

순교	손양원	하나님은 사랑이 죽음보다 강함을 알게 하십니다.
	주기철	하나님은 성공과 실패가 아니라 충성을 원하십니다.
	문준경	하나님은 사랑과 헌신의 씨앗이 풍성하게 열매 맺도록 하십니다.
	박관준	하나님은 이웃을 위해 사랑과 정의를 나누기 원하십니다.
사회	김마리아	하나님은 복음을 위해 썩는 한 알의 밀알로 우리를 부르십니다.
	조만식	하나님은 믿는 자에게 이웃을 섬기는 사명을 주십니다.
	소다 가이치	하나님은 복음 선포로 진정한 평화를 이루게 하십니다.
의료	장기려	하나님은 형제자매 사랑을 흐르게 하십니다.
	로제타 S. 홀	하나님은 순종하는 한 사람을 통해 위대한 일을 이루십니다.
	존 W. 헤론	하나님은 그의 백성들에게 하나님 나라 비전을 심어 주십니다.

7 -1. 위의 신앙 선배들 중에 현재 내가 섬기는 청소년들에게 소개하고 싶은 인물은 누구인가요? (이유도 나눠 주세요.)

[적용하기]

8. 책에서 소개하는 부탁해#19 부모와 따로 걸으면 막다른 길을 만납니다(180-187쪽)를 읽어 보세요. 그리고 아래를 함께 생각하고 나눠 주세요.

　　- 부모와 동역할 때 부담되는 점

　　- 부모와 동역할 때 유익한 점

9. 책에서 소개하는 부탁해#20 청소년 심방, 이렇게 해보실래요?(188-196쪽)를 읽어 보세요. 그리고 나의 청소년 시절로 돌아가 두 가지를 생각해 봅시다.

　　- 누군가의 방문을 기다렸다가 실망했던 일과 그 이유

　　- 누군가의 예기치 못한 방문에 감동했던 일과 그 이유

10. 청소년을 심방하기 위한 교사의 일주일은 다음과 같습니다. (192쪽) 청소년 교사로서 나의 심방은 어떤지 돌아봅시다.

주일	월	화	수	목	금	토
예배와 소그룹	결석한 아이 심방(전화)	안부 연락	학생을 위한 기도	학생을 위한 기도	안부 문자	필요시 심방

10-1. 나의 심방(연락)은 주로 어느 요일에 몰려 있습니까?

10-2. 만약 심방(연락)이 만족스럽게 이뤄지지 않는다면, 그 이유는 무엇이겠습니까?

10-3. 나의 심방으로 청소년에게 도움을 준 일이 있었다면 나누어 봅시다.

[기도하기]

11. 4부 〈그리스도의 몸〉을 돌아보면서 생기는 기도제목을 나눠 주세요.

12. 아래 기도제목으로 함께 기도해 봅시다.

우리는 교사 공동체입니다. 우선 이 공동체는 '나'로부터 시작합니다. '나 하나쯤이야' 라는 생각보다 '나 하나라도'라는 마음으로 임할 때 공동체는 시작됩니다. 우리의 공동체는 한 생명을 잉태하고 태어나게 하며, 자라 가게 하는 생명의 공동체입니다. 우리 교사 공동체를 통해 한 영혼이 살아나도록 기도해야 합니다.

[수고하셨습니다]

중고등부 교사의 고민에 답하는 실전 핵심파일

청소년 교사를 부탁해
The Essential Book for Teen Sunday School Teachers

지은이 정석원
펴낸곳 주식회사 홍성사
펴낸이 정애주
국효숙 김의연 박혜란 송민규 오민택 임영주 차길환

2021. 12. 20. 초판 발행   2024. 1. 17. 5쇄 발행
2024. 11. 29. 개정판 1쇄 발행   2025. 1. 20. 개정판 2쇄 발행

등록번호 제1-499호 1977. 8. 1.
주소 (04084) 서울시 마포구 양화진4길 3
전화 02) 333-5161 팩스 02) 333-5165
홈페이지 hongsungsa.com 이메일 hsbooks@hongsungsa.com
페이스북 facebook.com/hongsungsa
양화진책방 02) 333-5161

ISBN 978-89-365-1586-7 (03230)